배우와 연출가를 위한

행동 동사
유의어 사전

저자 **김규진**

- 로열 센트럴 스쿨 오브 스피치 앤 드라마,
  배우 훈련 및 지도 실기석사
- 한국예술종합학교 연기과 예술전문사
- 경희대학교 응용예술학과 예술학 박사
- 동의대학교 영화학과 교수

저자 **김준형**

- 한국예술종합학교 연기과 예술사
- 빌리브 액팅 스튜디오 대표
- 빌리브 엔터테인먼트 대표
- SBS 공채 탤런트

저자 **박원국**

- 연세대학교 신문방송학 학사
- (前) MBC 드라마 PD
- 디렉터가 기획하는 콘텐츠 회사 '메기' 대표이사
- 〈스프링 피버〉, 〈내 남편과 결혼해줘〉, 〈조선 정신
  과 의사 유세풍〉, 〈특별근로감독관 조장풍〉 연출

배우와 연출가를 위한

행 동
동 사

유의어 사전

김규진 · 김준형 · 박원국 지음

좋은땅

목차

행동 동사의 이해

액셔닝의 배경

행동 동사를 제대로 이해하려면, 무엇보다도 이 개념의 토대가 되는 **액셔닝**Actioning에 대한 이해가 선행되어야 한다.

액셔닝은 대사 이면의 행동을 분석하는 기술로, 1970년대 후반 영국의 극단 조인트 스톡Joint Stock의 연출가 **막스 스태포드-클락**Max Stafford-Clark과 **윌리엄 개스킬**William Gaskill에 의해 고안되었다.

당시 배우들은 대체로 인물의 감정을 분석하고 이를 체험함으로써 진실한 연기에 도달하려 했다. 단순히 인물처럼 보이는 것을 넘어, 내면까지 진정으로 살아내려는 접근 자체는 결코 문제가 되지 않는다. 그러나 감정은 본래 변덕스럽고 모호하며 일시적인 데다, 그보다 앞선 요인에 의해 촉발되는 불수의적인 반응이기에 의지적으로 통제하는 것이 불가능하다. 따라서 특정한 감정을 억지로 느끼려 할수록, 오히려 그 감정은 일어나지 않고 몸과 마음은 경직되고 말았다. 그리고 상대와의 교감마저 단절되어, 결국 작위적이고 과장된 연기로 이어졌다.

이러한 문제는 연출 과정에서도 고스란히 드러났다. 당시 연출가들은 분노, 실망, 걱정, 흥분, 사랑, 질투 등 어떤 감정을 배우들이 느껴야 할지를 결과론적으로 지시할 뿐, 그러한 정서적 체험을 유기적으로 끌어낼 수 있는 무언가를 명확히 제시하지 못했다. 그 결과 배우들은 연출가의 요구에 맞춰 감정을 억지로 쥐어 짜내거나 표정과 음성을 인위적으로 조작하려 했고, 이는 오히려 연출하고자 했던 모습에서 더욱 멀어지는 결과를 초래했다.

이러한 이유로 스태포드-클락과 개스킬은 **행동**action을 연기와 연출 예술의 근간으로 삼고, 감정 대신 행동을 적극적으로 분석할 것을 강조했다. 행동은 목표를 달성하기 위해 의지적으로 행하는 것으로, 생각, 감정, 의지를 비롯한 내면의 모든 것이 응축된 연기의 핵심 요소다. 따라서 주어진 상황에서 진실하게 행동한다면, 정서적 체험은 자연스레 따라올 것이라고 주장했다.

이 같은 접근은 현대 연기술의 기틀을 마련한 **콘스탄틴 스타니슬랍스키**Konstantin Stanislavsky의 철학에 기반한다. '행동하다'라는 의미의 그리스어에서 '드라마drama'가 유래했듯, 스타니슬랍스키는 극이 일련의 행동으로 구성되어 있으며, 이 행동의 악보를 발견하고 수행하는 것이야말로 연기의 본질이라고 보았다. 그리고 진실한 행동을 통해 인물의 감정을 생생하게 경험할 뿐 아니라, 배우이자 배역으로서 존재하는 극적 체험을 이룰 것이라 믿으며, 행동을 중심으로 통합적인 훈련 체계를 확립했다.

스타니슬랍스키의 연기술은 스테포드-클락과 개스킬에게 행동 분석에 대한 확신을 심어주었다. 그리고 스타니슬랍스키가 대사마다 능동사를 부여했듯이, 이들도 모든 대사 속에 상대를 향한 구체적인 행동이 존재한다고 보고, '안녕'이라는 단순한 말에서조차 그 이면의 숨겨진 행동을 분명히 정의하고자 했다. 이러한 접근은 점차 액셔닝이라는 체계적인 기술로 정립되었다.

액셔닝은 배우의 마음을 하나의 명료한 행동에 집중시키고, 말과 움직임의 내적 원동력을 활성화하는 데 큰 도움을 주었다. 또한, 심리적 방향성을 자기 자신에서 상대에게로 전환함으로써, 배우 간의 교감을 강화할 뿐 아니라 자의식에서 벗어나 인물의 삶을 매 순간 능동적으로 살아내도록 이끌었다. 연출가 역시 액셔닝을 통해 두리뭉실하고 모호한 디렉팅에서 벗어나, 더욱 명확하고 풍성하게 배우들과 소통하며 작업의 효율성을 극대할 수 있었다. 이러한 이점들로 인해 액셔닝은 당시 배우와 연출가들 사이에서 선풍적인 관심을 받았으며, 오늘날에도 영국을 비롯해 세계 각국에서 활발히 교육되고 있다.

심리적 행동

그렇다면 배우와 연출가가 탐구해야 할 행동에는 무엇이 있을까?

우선, **신체적 행동**physical action을 들 수 있다. 신체적 행동이란, 자세, 움직임, 동작 등 몸을 통해 이루어지는 행동으로, 말 또한 신체적 발화라는 측면에서 이에 포함된다. 신체적 행동은 외적으로 드러나 대본 속 인물을 무대 위에 구현하고, 상대에게 직접적인 영향을 미쳐 이야기와 사건을 전개한다. 더불어 몸과 마음의 상호작용을 통해 정서적 자극을 불러일으키는 핵심 요소이기도 하다.

그러나 행동은 결코 신체적 행동에만 국한되지 않으며, **심리적 행동**psychological action 역시 중요한 축을 이룬다. 액셔닝은 바로 이 심리적 행동을 언어적으로 정의하는 대표적인 기술이라 할 수 있다.

심리적 행동이란, 마음속에서 일어나는 의지적 행위이자 신체적 행동 이면에 진정으로 하고자 하는바, 즉 **의도**intention를 의미한다. 예를 들어, '반갑습니다'라는 말 한마디 중에도 인물은 마음속으로 상대를 유혹하거나 위로하거나 도발하거나 추궁할 수 있고, '악수하기'라는 간단한 동작을 하면서도 상대를 심리적으로 달래거나 닦달하거나 유인하거나 좌절시킬 수도 있다. 이처럼 동일한 말과 동작일지라도 그 안에 담긴 심리적 행동에 따라 행동의 의미가 완전히 달라진다. 따라서 신체적 행동이 빈껍데기처럼 남지 않고 내적 생명력을 얻기 위해선, 반드시 심리적 행동과 밀접하게 연결되어야 한다.

심리적 행동은 목표에 이르기 위한 **전술**tactic이기도 하다. 목표는 행동의 궁극적 이유이자 원동력이지만, 누구나 목표를 품는 즉시, 이를 방해하는 장애물과 맞닥뜨리게 된다. 나이, 성별, 학력, 직업, 지위, 재정 상태, 주변 관계를 비롯한 외적 요인은 물론, 가치관, 성격, 두려움, 편견, 과거의 사건, 성장 및 교육적 배경 같은 내적 요인까지도 장애물로 작용할 수 있다. 인물은 이러한 장애물에도 불구하고 목표에 도달하고자 끊임없이 분투하는데, 그 과정에서 본능적으로 발현되는 전술이 바로 심리적 행동이다. 심리적 행동은 장애물을 효과적으로 극복해 목표를 실현하도록 이끌며, 말과 움직임에 논리와 다채로움을 더한다.

　이처럼 심리적 행동은 인물의 내적 삶을 능동적으로 살아내기 위한 핵심 요건이자, 신체적 행동의 충동을 일으켜 외적 삶을 활성화하는 촉매제로 작용한다. 따라서 역할의 모든 측면을 진실하고 풍성하게 연기 및 연출하려면, 신체적 행동에만 의존해서는 안 되며, 그 이면에 작동하는 심리적 행동을 적극적으로 탐색함으로써 두 행동 간의 연계를 지속해서 강화해야 한다.

행동 동사

    액서닝은 인물의 심리적 행동을 정의하기 위한 도구로 **행동 동사**_{action verb}를 제시한다. 일반적으로 행동 동사는 '걷다', '앉다', '마시다', '손짓하다', '말하다' 등 수행 가능한 모든 동사를 지칭한다. 그러나 액서닝에서 행동 동사는 상대방을 직접 목적어로 삼는 타동사를 의미한다. 영어로는 **'I'**와 **'You'** 사이에 들어가는 동사를 뜻하며, 한국어로는 **나는 너를 ~하다**로 정의되는 동사가 이에 해당한다. 목적어가 '너' 그 자체가 되는 순간, 상대에게 궁극적으로 어떤 영향을 미치고자 하는지가 분명하게 드러난다. 즉, 손을 흔들거나, 몸을 기울이거나, 미소를 짓거나, 말을 건네는 등 어떤 신체적 행동이든, 그 이면에 작동하는 의도와 전술이 '나는 너를 ~하다'라는 하나의 동사로 압축되는 것이다. 이처럼 행동 동사는 겉으로 보이지 않는 심리적 행동을 구체적이고 명료하게 정의하게 해 주는 유용한 도구다.

물론, 상대방을 직접 목적어로 삼는다고 해서 모두 행동 동사가 되는 것은 아니다. 행동 동사는 단순히 상황을 표면적으로 설명하는 데 쓰여서는 안 되며, 반드시 그 이면의 심리적 행동을 정의해야 한다. 예를 들어, 상대를 툭툭 치는 장면의 경우, '치다'나 '때리다'처럼 외적인 결과를 묘사하기보다, '위협하다', '도발하다', '독촉하다', '모욕하다', '약 올리다'같이 내적인 의도나 전술을 구체적으로 정의해야 비로소 행동 동사라 할 수 있다. 마찬가지로 무언가를 설명하는 장면에서도, 단순히 '설명하다'나 '알려 주다' 같은 일반적이고 중립적인 표현이 아니라, '구슬리다', '고무하다', '훈계하다', '촉구하다', '세뇌하다'처럼 그 이면의 심리적 행동을 구체적으로 드러내는 동사가 바로 행동 동사다.

행동 동사는 **상태 동사**state verb와 반드시 구별되어야 한다. 상태 동사란 감정을 정의하는 데 초점을 두는 동사로, '좋아하다', '사랑하다', '그리워하다', '걱정하다', '동정하다', '질투하다', '미워하다', '증오하다', '두려워하다', '존경하다' 등 다양한 동사들이 이에 해당한다. 상태 동사는 설령 상대방을 직접 목적어로 삼을지라도, 그보다 앞선 무언가에 의해 생겨나는 수동적이고 불수의적인 반응을 나타내기에, 의지적으로 수행하거나 통제하기 어렵다. 반면, 행동 동사는 목표를 이루기 위해 의지적으로 행하는 것을 대변하며, 언제나 능동적으로 수행할 수 있다. 따라서 배우와 연출가는 행동 동사와 상태 동사를 명확히 구분할 수 있어야 한다. 예컨대 '미워하다'라는 상태 동사가 떠오른다면, **"그래서 무엇을 할 것인가?"**라고 스스로 질문해 보아야 한다. 그러면 '구박하다', '들쑤시다', '몰아세우다', '배제하다', '억압하다' 등 다양한 행동 동사를 발견할 수 있을 것이다. 그중 하나를 택해 전심으로 수행하거나 그렇게 하도록 이끄는 것이야말로, 행동이라는 악보를 연주해야 할 배우와 연출가의 본질적인 의무다.

　요약하자면,

행동 동사는 다음과 같은 원칙을 지닌다.

1. **상대방**을 직접 목적어로 삼는 타동사다.
2. 말과 움직임 이면의 **심리적 행동**을 정의한다.
3. 상태 동사와 달리 **의지적**으로 수행 가능하다.

물론, 한국어의 특성상 '너를 ~하다'로 도저히 정의하기 어려운 경우, **'너에게 ~하다'**로 행동 동사를 표현하는 것도 가능하다. 다만, 반드시 상대를 향한 심리적 행동을 나타내야 하며, 의지적으로 수행할 수 있어야 한다. 본 사전은 '경고하다', '당부하다', '맞서다', '복수하다', '사과하다', '아첨하다', '저항하다', '충고하다', '항의하다' 등 위 조건에 부합하는 동사들을 엄선하여 수록했다.

액셔닝의 과정

    액셔닝의 과정은 '대사에 내재된 인물의 심리적 행동을 행동 동사로 정의하기'로 요약할 수 있다. 먼저 주어진 상황과 목표를 명확히 파악한 다음, 스스로에게 이렇게 질문한다. **"만약 내가 이 상황 속에 있다면, 이 대사를 말하는 동안 마음속으로 어떤 행동을 할 것인가?"** 그리고 수동적 관찰자가 아닌 능동적 참여자로서, 행동 동사를 적극적으로 탐색한다.

    심리적 행동은 문장마다 달라질 수도 있지만, 하나의 행동이 여러 문장을 아우를 수도, 한 문장 내에 두세 번의 변화가 일어날 수도 있다. 따라서 액셔닝을 하기 위해선 행동 동사뿐 아니라 **행동의 단위** 역시 주체적으로 선택해야 한다. 만약 세세하게 행동을 분석할 시간이 부족하다면, 한 문단이나 장면 전체 등 큰 단위로 심리적 행동을 정의한 뒤, 점차 행동을 세분화해 나가는 방식도 가능하다.

연극 〈갈매기〉 속 아르까지나의 대사를 예로 들어 보자. 며칠 전 자살을 시도했던 아들 뜨레플레프가 붕대를 갈아 달라고 부탁하자, 그녀는 이렇게 말한다.

앉아라. (그의 머리에서 붕대를 풀며) 꼭 인도인 같구나. 어제 어떤 사람이 부엌에 와서 널 보더니 어느 나라에서 왔냐고 묻더라. 거의 다 나았네. (머리에 입을 맞추며) 며칠만 지나면 딱지가 생길 것 같아. 너… 또 이런 짓 할 거니?

액션닝을 통해 아르까지나의 심리적 행동을 다음과 같이 분석할 수 있다. 아들이 내민 화해의 신호를 눈치챈 그녀는 심리적으로 그를 '포용하며' 자리에 앉히고 붕대를 풀기 시작한다. 그리고 풀이 죽어 있는 아들을 '띄우며' 어제 있었던 일을 농담처럼 건넨다. 붕대를 풀다 심한 총상을 목격한 그녀는 아들을 '위로하며' 곧 나을 것이라 말하고, 그의 머리에 입을 맞춘다. 마지막으로 다시는 이런 일이 없도록 그를 '압박하며' 또 자살할 거냐고 묻는다. 이처럼 그녀는 마음속으로 아들을 포용하고, 띄우고, 위로하고, 압박한 것이다.

앉아라. **[포용하다]** 꼭 인도인 같구나. 어제 어떤 사람이 부엌에 와서 널 보더니 어느 나라에서 왔냐고 묻더라. **[띄우다]** 거의 다 나았네. 며칠만 있으면 딱지가 생길 것 같아. **[위로하다]** 너… 또 이런 짓 할 거니? **[압박하다]**

그러나 반대로, 아들을 제압하고, 조롱하며, 폄하하고, 도발하는 인물로 해석한다면, 전혀 다른 유형의 아르까지나가 탄생한다. 고정관념에서 벗어나 대사 이면의 심리적 행동을 자유롭게 탐색할수록, 다채로운 인물들이 무대 위에 살아 숨 쉬게 될 것이다.

대사 속 심리적 행동을 정의한 다음에는, 그 행동을 전심으로 **수행**해야 한다. 만약 분석한 행동들을 머릿속으로 생각하고만 있다면, 상대와 교감하지도, 인물과 하나되지도 못한 채 결국 분주한 머리와 텅 빈 가슴으로 연기하게 될 것이다. 따라서 분석한 동사들을 토대로 상대에게 영향을 미치기 위해 최선을 다해야 하며, 필요하다면 행동 동사를 몸소 체화하고 상상해도 좋다. 예컨대 '띄우다'를 마음속으로 행하기 어렵다면, 상대를 양손으로 가볍게 올리는 동작을 반복한 다음, 이를 온몸으로 상상해 보는 것이 도움이 될 것이다. 이처럼 심리적 행동을 적극적으로 수행하며 대사를 말해 본 뒤, 행동 동사를 점차 다듬고 발전시켜 '심리적 행동의 악보'를 구축해야 한다.

인물에게 수동적인 순간이란 없다. 상대의 이야기를 듣거나, 아무런 말 없이 움직이거나, 설령 부동의 상태일지라도 심리적 행동은 마음속에서 왕성하게 작동한다. 따라서 대사 속 심리적 행동을 분석한 다음에는, 반드시 **대사 외 영역**으로 탐구의 범위를 확장해야 한다. 그러면 내면의 연속성과 논리성을 체득하고, 매 순간 능동적으로 인물의 삶을 살아낼 수 있다. 대체로 인물은 직전 대사의 심리적 행동을 그대로 지속한다. 만약 상대를 추궁하며 "왜 그랬어?"라고 묻는다면, 대답을 기다리거나 듣는 동안에도 그 행동을 내적으로 지속할 가능성이 크다.

그러다 상대의 대답에 따라 '위로하다', '비난하다', '응원하다', '짓이기다'와 같이 새로운 심리적 행동이 발현되기도 한다.

심리적 행동은 궁극적으론 모든 **신체적 행동** 이면에 활발하게 작동해야 한다. 따라서 심리적 행동의 악보를 완성한 뒤에는, 가만히 서서 대사를 말하는 것을 넘어, 걷거나, 앉거나, 팔짱을 끼거나, 악수하거나, 물건을 집는 등 점진적으로 다양한 동작을 심리적 행동과 연계해야 한다. 이렇게 신체적 행동의 악보를 정립한다면, 내면과 외면이 유기적으로 연결되어, 어떤 신체적 행동 속에도 심리적 행동이 내적 원동력으로 강하게 작용할 것이다.

대상의 확장

'나는 너를 ~하다'라는 행동 동사의 구조에서 알 수 있 듯이, 액셔닝은 본래 심리적 행동의 대상object을 **상대방** 으로 한정한다. 상대방은 행동을 촉발하는 핵심 원천이 자 궁극적인 목표점이기 때문이다. 심리적 행동이 상대 를 향할수록, 자의식이 해소되고 배우 간의 집중과 교류 가 강화되며, 장면 역시 역동적이고 풍성해진다. 따라서 이러한 접근은 매우 타당하다고 할 수 있다.

그러나 홀로 대사를 말할 때를 비롯해, 도저히 상대를 향한 심리적 행동으로 정의하기 어려운 순간들이 종종 있다. 그럴 때는 심리적 행동의 대상을 **지금 여기에 없 는 사람, 자기 자신, 사물, 상황** 등으로 확장할 수 있어야 한다. 예를 들어, 좋아하는 사람을 떠올리며 찬양하거나, 헤어진 애인을 생각하며 헐뜯을 수도 있다. 혹은 부끄러운 기억을 밀어내거나 미래의 자신을 끌어당기는 것도 가능하다. 값비싼 보석을 붙잡거나, 가혹한 운명에 맞서거나, 과열된 분위기를 가라앉히거나, 신의 도움을 간구하는 것 역시 가능하다. 비재현적 극의 경우, 관객을 대상으로 삼아 그들을 집중시키거나 북돋울 수도 있다.

〈갈매기〉에서 마샤의 대사를 예로 들어 보자. 마샤는 오랫동안 짝사랑해 온 뜨레플레프가 니나와 사귀자, 상복을 입고 술과 담배에 의존하며 실연의 아픔을 달랬다. 그런 그녀를 좋아하는 메드베젠코가 왜 항상 검은 옷을 입고 있느냐고 묻자, 마샤는 다음과 같이 답한다.

이건 내 인생의 상복이에요.
내 인생은 죽어 있거든요.

마샤의 심리적 행동은 자신을 시종일관 쫓아다니는 메드베젠코를 밀어내고 있다고 해석할 수도 있다. 하지만 사랑조차 이룰 수 없는 한심한 자신을 짓밟거나, 여전히 열렬히 사랑하는 뜨레플레프를 끌어당기거나, 그를 빼앗아 간 니나를 찢어발길 수도 있다. 혹은 자신의 인생을 조롱하거나 신에게 반항하고 있을지도 모른다. 듣는 이가 바로 옆에 있을지라도 말이다. 단, 이러한 대상의 확장은 어디까지나 상대를 향한 심리적 행동을 먼저 충분히 탐색한 뒤, 그것만으로는 부족한 경우에만 고려되어야 한다.

행동 동사 유의어 사전의 사용법

사실 심리적 행동을 한 단어로 명확히 규정하는 일은 결코 쉽지 않기에, 액셔닝에는 대체로 상당한 시간이 소요된다. 특히, 어휘력이 부족한 경우, 선택할 수 있는 단어가 제한적이어서 스스로 납득할 만한 동사를 찾지 못하기도 한다. 이에《배우와 연출가를 위한 행동 동사 유의어 사전》은 연기 및 연출 작업에서 액셔닝을 효과적으로 실현할 수 있도록, 행동 동사를 선별하고 그와 유사한 의미를 지닌 다양한 유의어들을 함께 제시한다.

이 책의 핵심인 **행동 동사 유의어 사전**은 다음과 같이 활용할 수 있다. 예를 들어 "내가 이 상황 속에 있다면, 대사를 말하는 동안 마음속으로 어떤 행동을 할 것인가?"라고 질문했을 때, '압박하다'라는 행동 동사가 떠올랐다고 가정해 보자. 그러면 사전에 수록된 '강요하다',

'닦달하다', '몰아붙이다', '억압하다', '옥죄다', '쥐어짜다', '촉구하다', '협박하다' 등의 유의어들을 종합적으로 검토한다. 그 가운데 자신의 의도와 전술에 가장 부합하는 동사를 선택하여 심리적 행동을 구체적으로 정의하는 것이다.

만일 아무런 행동 동사도 떠오르지 않는다면, 부록에 수록된 **행동 동사 목록**을 활용하여 심리적 행동을 통합적으로 탐색할 수도 있다. 본 사전은 '훈시하다'나 '테스트하다'처럼 사용 빈도가 낮거나 외래어인 동사의 경우, 부득이하게 유의어로만 다루었다. 그러나 이 목록에는 모든 행동 동사가 종합적으로 정리되어 있으며, 동사마다 해당 페이지 번호가 함께 표기되어 있어 유의어 사전으로 손쉽게 돌아갈 수 있도록 구성되었다.

반대로 행동 동사의 수가 너무 많아 분석이 어렵다면, 행동 동사의 원형archetype을 먼저 탐구해 볼 수 있다. 원형이란, 근원이자 본바탕을 의미한다. 모든 존재에는 원형이 존재하며, 행동 동사 역시 저마다 분명한 원형을 지닌다. 이는 '대상을 어떤 방향으로 움직이려 하는가'를 기준으로 '밀다', '당기다', '올리다', '내리다', '모으다', '찢다'로 구분할 수 있다. 이 여섯 가지 원형은 각기 다른 방향성을 가지기에, 서로 중복되지 않으면서도 무궁무진하게 확장된다. 따라서 분석이 여의치 않다면, 먼저 원형을 선택한 뒤, 주어진 상황에 따라 이를 다채롭게 발전시킬 수 있다. 예를 들어 '밀다'를 원형으로 삼는다면, '거부하다'부터 '지지하다'에 이르기까지 다양한 행동 동사로 그 원형을 구체화해 나갈 수 있다.

액셔닝을 효과적으로 실천하기 위해선 행동 동사뿐 아니라 행동 동사로 사용해서는 안 되는 동사들 역시 인지해야 한다. 이에 따라 **배제해야 할 동사 목록**을 세 가지 유형으로 나누어 부록에 정리해 두었다. 첫째는 상태 동사, 즉 감정을 표현할 뿐 의지적으로 수행하기 어려운 동사들이다. 둘째는 의지적으로 행할 수는 있으나 대상을 향한 영향력이 부족한 동사들로, '고려하다', '방치하다', '배우다', '생각하다', '이해하다', '조심하다', '참고하다', '회상하다' 등이 해당한다. 셋째, 실질적으로 수행하기에 다소 모호하거나 광범위한 동사들로, '가지다', '다루다', '맡다', '바꾸다', '상대하다', '의존하다', '좌지우지하다', '표현하다' 등이 있다. 인물의 심리적 행동을 구체적이면서도 풍부하게 탐색하려면, 이처럼 어떤 동사를 사용하고, 또 배제해야 할지를 분명히 아는 것이 중요하다. 본 사전은 그 여정을 돕는 실천적 도구이자 나침반이 될 것이다.

행동 동사 유의어 사전

가로막다
못 하도록 막거나 방해하다

막다, 만류하다, 말리다, 멈추다, 방해하다, 저지하다, 제재하다, 제지하다, 중단시키다, 중지시키다, 훼방하다

가르치다
깨닫게 하거나 익히게 하다

계도하다, 계몽하다, 교육하다, 교화하다, 깨우치다, 안내하다, 이해시키다, 인도하다, 일깨우다, 지도하다, 코치하다, 훈련하다

간섭하다
관계없는 일에 부당하게 참견하다

간여하다, 개입하다, 관섭하다, 끼어들다, 방해하다, 상관하다, 집적대다, 찝쩍대다, 참견하다, 추근대다, 치근대다, 훼방하다

간청하다
간절히 청하다

간구하다, 구걸하다, 당부하다, 부탁하다, 빌다, 사정하다, 신신당부하다, 애걸복걸하다, 애걸하다, 애원하다, 요청하다, 조르다, 청하다, 탄원하다

갈구다

집요하게 다그쳐 못살게 굴다

괴롭히다, 구박하다, 다그치다, 닦달하다,
들볶다, 몰아치다, 족치다, 쥐어짜다,
채찍질하다

감독하다

단속하거나 지휘하여
관리하다

감시하다, 감찰하다, 관리하다, 단속하다,
제어하다, 지휘하다, 컨트롤하다, 통솔하다,
통제하다

감싸다

편을 들어 두둔하거나 너른
마음으로 포용하다

감싸고돌다, 감싸안다, 다독이다, 두둔하다,
변호하다, 보듬다, 보호하다, 비호하다,
싸고돌다, 역성들다, 옹호하다, 용납하다,
용서하다, 용인하다, 편들다, 포용하다, 품다

강압하다

강제로 억누르다

압박하다, 억누르다, 억압하다, 억제하다,
위압하다, 제압하다, 진압하다, 짓누르다,
짓뭉개다, 짓밟다, 짓이기다, 탄압하다

강요하다

강제로 요구하다

강권하다, 강제하다, 다그치다, 닦달하다,
몰아붙이다, 밀어붙이다, 압박하다,
요구하다, 쥐어짜다

강탈하다

강제로 빼앗다

갈취하다, 빼앗다, 수탈하다, 약탈하다,
탈취하다

개선하다

부족하거나 잘못된 점을
고쳐 나아지게 하다

갱생시키다, 고치다, 교화하다, 뜯어고치다,
바로잡다, 발전시키다, 보강하다, 보완하다,
성숙시키다, 성장시키다, 향상시키다

거부/
거절하다

요구나 제안을
받아들이지 않다

거스르다, 거역하다, 고사하다, 밀어내다,
불복하다, 불응하다, 뿌리치다, 사양하다,
사절하다, 퇴짜 놓다, 튕기다

건드리다

내면을 자극하여 동요하게
하다

골리다, 긁다, 도발하다, 동요시키다,
뒤흔들다, 들쑤시다, 시비 걸다, 약 올리다,
자극하다, 충동질하다, 흔들다

검사하다

상태나 의도 등을 확인하기
위해 조사하다

검증하다, 분석하다, 시험하다, 심사하다,
조사하다, 진단하다, 체크하다, 테스트하다,
평가하다

겁주다

무섭거나 두려운 마음이
생기게 하다

겁박하다, 공갈하다, 긴장시키다, 엄포하다,
위축시키다, 위협하다, 으르다, 윽박지르다,
을러대다, 협박하다

격려하다

용기나 의욕이 솟아나도록
북돋다

고무하다, 고양하다, 고취하다, 권면하다,
독려하다, 북돋다, 성원하다, 응원하다,
지지하다

견제하다

자유롭게 행동하거나 세력을
피지 못하도록 억누르다

규제하다, 막다, 방해하다, 억누르다,
억제하다, 저지하다, 제약하다, 제지하다,
제한하다

결속시키다*

뜻을 같이하여 굳게 뭉치게
하다

결집시키다, 단결시키다, 단합시키다, 묶다,
연결하다, 응집시키다, 잇다, 중재하다,
통합하다, 화합시키다

경고하다

조심하거나 삼가도록
미리 주의를 주다

경계시키다, 조심시키다, 주의시키다,
충고하다, 훈계하다, 훈시하다

계도/
계몽하다

무지나 인습에서 벗어 나도록
깨우쳐 이끌다

가르치다, 각성시키다, 감화하다,
갱생시키다, 교육하다, 교화하다, 깨우치다,
선도하다, 안내하다, 이끌다, 인도하다,
일깨우다, 지도하다, 코치하다

고립시키다

타인이나 외부와 단절된
상태로 만들다

격리하다, 따돌리다, 분리시키다, 배제하다,
빼다, 소외시키다, 제외하다, 차단하다

주된 대상이 복수인 행동 동사에는 * 표시를 하였습니다.

고무하다

힘을 내도록 격려하여
용기를 북돋다

격려하다, 고양하다, 고취하다, 독려하다,
띄우다, 북돋다, 성원하다, 응원하다

고발하다

잘못이나 비리 등을
드러내어 알리다

까발리다, 들추다, 발가벗기다, 파헤치다,
폭로하다

고치다

잘못되거나 문제가
있는 점을 바로잡다

개선하다, 갱생시키다, 교화하다,
뜯어고치다, 바로잡다, 보강하다, 보완하다,
정화하다, 치료하다, 치유하다

골리다

놀리어 약을 올리다

건드리다, 골탕 먹이다, 긁다, 놀리다,
농락하다, 들쑤시다, 비꼬다, 비아냥대다,
빈정대다, 야유하다, 약 올리다, 우롱하다,
자극하다, 조롱하다, 풍자하다, 희롱하다,
희화화하다

과시하다

자랑하거나 뽐내어 보이다

뻐기다, 뽐내다, 생색내다, 으스대다,
자랑하다

관리하다

지휘하며 감독하다

감독하다, 감시하다, 감찰하다, 단속하다,
제어하다, 지휘하다, 컨트롤하다, 통솔하다,
통제하다

괄시하다

업신여겨 하찮게 대하다

괄대하다, 낮잡다, 냉대하다, 박대하다,
천대하다, 푸대접하다, 하대하다, 홀대하다

괴롭히다

불편하게 하거나
고통스럽게 하다

갈구다, 고문하다, 구박하다, 들볶나,
박해하다, 애먹이다, 억압하다, 유린하다,
족치다, 짓밟다, 탄압하다, 핍박하다,
학대하다

교란하다

마음을 뒤흔들어서 어지럽고
혼란스럽게 하다

당황시키다, 동요시키다, 뒤흔들다,
들쑤시다, 어지럽히다, 헤집다, 혼란시키다,
흔들다

교육하다

지식이나 태도 등을 가르쳐
성장하게 하다

가르치다, 계도하다, 계몽하다, 교화하다,
길들이다, 깨우치다, 안내하다, 이해시키다,
인도하다, 일깨우다, 지도하다, 코치하다,
훈련하다

교화하다

가르치고 이끌어서 좋은
방향으로 나아가게 하다

가르치다, 감화하다, 개선하다, 갱생시키다,
계도하다, 계몽하다, 고치다, 교육하다,
깨우치다, 뜯어고치다, 바로잡다,
발전시키다, 성숙시키다, 성장시키다,
일깨우다, 정화하다, 지도하다

구박하다

못 견디게 괴롭히다

갈구다, 괴롭히다, 닦달하다, 들볶다, 몰아치다, 박해하다, 족치다, 타박하다, 핍박하다, 학대하다

구속하다

자유를 제한하거나 억압하다

규제하다, 금지하다, 복종시키다, 속박하다, 억누르다, 억압하다, 억제하다, 얽매다, 옭아매다, 제약하다, 제한하다, 통제하다

구슬리다

그럴듯한 말로 꾀어
마음을 움직이다

구워삶다, 꼬드기다, 꼬시다, 꾀다, 낚다, 달래다, 부추기다, 선동하다, 설득하다, 어르다, 유도하다, 유혹하다, 종용하다, 타이르다, 회유하다

구하다

위태롭거나 위험한 지경에서
벗어나게 하다

구명하다, 구원하다, 구제하다, 구조하다, 구출하다, 구호하다, 살리다, 해방하다

굴복시키다

강제로 눌러 복종하게 하다

무력화하다, 복종시키다, 억압하다, 장악하다, 정복하다, 제압하다, 탄압하다, 휘어잡다

권유/
권장하다

어떤 일을 하도록 권하거나
장려하다

강권하다, 권고하다, 권면하다, 권하다,
장려하다, 제안하다, 조언하다, 종용하다,
추천하다, 충고하다

규제하다

일정한 기준을 넘지 않도록
제한하거나 통제하다

견제하다, 구속하다, 금지하다, 단속하다,
막다, 속박하다, 억제하다, 얽매다, 엄금하다,
옭아매다, 제약하다, 제재하다, 제한하다,
통제하다

규탄하다

책임을 촉구하며 강하게
비판하다

견책하다, 꾸짖다, 나무라다, 비난하다,
비판하다, 성토하다, 지탄하다, 질책하다,
질타하다, 책망하다, 힐책하다

극찬하다

매우 칭찬하다

격찬하다, 높이다, 드높이다, 띄우다,
예찬하다, 찬미하다, 찬송하다, 찬양하다,
추켜세우다, 치켜세우다, 칭송하다,
칭찬하다, 호평하다

긁다

기분이 상하도록 자극하다

건드리다, 골리다, 도발하다, 동요시키다,
뒤흔들다, 들쑤시다, 시비 걸다, 약 올리다,
자극하다, 흔들다

금지하다

어떤 행동을 하지 못하도록
막거나 제한하다

구속하다, 규제하다, 단속하다, 막다,
속박하다, 억제하다, 얽매다, 엄금하다,
제약하다, 제재하다, 제한하다, 통제하다

기만하다

속여 넘기다

농간하다, 농락하다, 모략하다, 사기치다,
속이다, 중상모략하다

기죽이다

기세나 의지를 꺾어
약해지게 하다

낙담시키다, 낙심시키다, 무력화하다,
위압하다, 위축시키다, 윽박지르다

긴장시키다

마음을 조이고
바짝 경계하게 하다

겁주다, 경계시키다, 경직시키다, 놀래다,
위축시키다, 위협하다, 으르다

길들이다

익숙하게 만들어
자신의 뜻을 따르게 하다

가스라이팅하다, 교육하다, 단련하다,
복종시키다, 세뇌하다, 조련하다,
주입시키다, 훈련하다

까발리다

비밀이나 정체를 속속들이
들추어내다

고발하다, 들추다, 발가벗기다, 파헤치다,
폭로하다

깎아내리다

인격이나 권위를 헐뜯어
떨어지게 하다

까다, 낮잡다, 능욕하다, 디스하다,
매도하다, 모욕하다, 물어뜯다, 비난하다,
비방하다, 비하하다, 씹다, 악담하다,
악평하다, 폄하하다, 폄훼하다, 헐뜯다,
험담하다, 혹평하다, 흉보다, 힐난하다

깨우치다

깨달아 알게 하다

가르치다, 각성시키다, 계도하다, 계몽하다,
교육하다, 교화하다, 납득시키다,
이해시키다, 인지시키다, 일깨우다,
지도하다, 코치하다

꾀다

교묘한 말로 유혹하여
원하는 대로 끌다

구슬리다, 구워삶다, 꼬드기다, 꼬시다,
끌어당기다, 끌어들이다, 낚다, 매료하다,
매수하다, 매혹하다, 미혹하다, 부추기다,
유인하다, 유혹하다, 포섭하다, 현혹하다,
홀리다, 회유하다

꾸짖다

잘못이나 실수에 대해
엄하게 나무라다

견책하다, 규탄하다, 꾸중하다, 나무라다,
닦달하다, 면박하다, 문책하다, 불호령하다,
비난하다, 비판하다, 야단치다, 지탄하다,
질책하다, 질타하다, 책망하다, 타박하다,
핀잔하다, 호통치다, 혼꾸멍내다, 혼내다,
혼쭐내다, 훈계하다, 힐책하다

끊다

관계를 중단하다

내치다, 단절하다, 떼어 내다, 배제하다,
버리다, 절교하다, 절연하다, 정리하다,
차다, 차단하다, 쳐내다

끌어내리다

지위를 떨어뜨리거나
권위를 박탈하다

강등하다, 내몰다, 내보내다, 내쫓다,
몰아내다, 밀어내다, 방출하다, 쫓아내다,
축출하다, 퇴출하다

끌어당기다

끌어서 가까이 오게 하다

꼬시다, 꾀다, 매료하다, 매혹하다,
사로잡다, 유인하다, 유혹하다, 주목시키다,
집중시키다

끌어들이다

권하거나 꾀어서 자기 편이
되게 하다

꾀다, 매수하다, 스카우트하다, 영입하다,
참여시키다, 초대하다, 포섭하다

나누다*

갈라 떨어지게 하다

갈라놓다, 대립시키다, 떨어뜨리다,
분리시키다, 분열시키다, 이간질하다,
쪼개다, 충돌시키다, 해산하다, 해체하다,
흩어뜨리다

나무라다

잘못이나 실수를 지적하고
꾸짖다

견책하다, 규탄하다, 꾸중하다, 꾸짖다,
닦달하다, 면박하다, 문책하다, 비난하다,
비판하다, 야단치다, 지탄하다, 질책하다,
질타하다, 책망하다, 타박하다, 핀잔하다,
호통치다, 혼꾸멍내다, 혼내다, 혼쭐내다,
훈계하다, 힐책하다

낚다

현혹하여 따르게 하다

구슬리다, 구워삶다, 꼬드기다, 꼬시다,
꾀다, 매료하다, 매수하다, 매혹하다,
미혹하다, 속이다, 유인하다, 현혹하다,
홀리다

내쫓다

밖으로 몰아내거나 직위를
박탈하다

끌어내리다, 내몰다, 내보내다, 내치다,
몰아내다, 물리치다, 밀어내다, 방출하다,
배척하다, 쫓아내다, 쳐내다, 추방하다,
축출하다, 퇴출하다, 퇴치하다

내치다

거부하여 밀어내거나
관계를 끊다

끊다, 내몰다, 내보내다, 내쫓다, 단절하다,
떼어 내다, 몰아내다, 밀어내다, 배제하다,
배척하다, 버리다, 뿌리치다, 정리하다,
제외하다, 쫓아내다, 차다, 차단하다,
쳐내다, 추방하다, 축출하다, 퇴출하다

냉대하다

정 없이 차갑게 대하다

괄대하다, 괄시하다, 박대하다, 천대하다,
푸대접하다, 하대하다, 홀대하다

녹이다

마음을 누그러뜨리거나
몹시 반하게 하다

누그러뜨리다, 다독이다, 달래다, 매료하다,
매혹하다, 미혹하다, 어르다, 유혹하다,
이완시키다, 현혹하다, 홀리다

놀래다
(놀래키다)

뜻밖의 일로 놀라게 하다

경악시키다, 긴장시키다, 당황시키다,
동요시키다, 뒤흔들다, 흔들다

놀리다

장난스럽게 희롱하거나
웃음거리로 만들다

골리다, 농락하다, 돌려 까다, 비꼬다,
비아냥대다, 빈정대다, 야유하다, 약 올리다,
우롱하다, 조롱하다, 풍자하다, 희롱하다,
희화화하다

농락하다

교묘하게 속여서 제멋대로
놀리다

골리다, 기만하다, 놀리다, 농간하다,
모략하다, 사기치다, 속이다, 우롱하다,
조롱하다, 중상모략하다, 희롱하다

높이다

높이 평가하거나 추켜세우다

격찬하다, 극찬하다, 드높이다, 띄우다,
아부하다, 아첨하다, 예찬하다, 찬미하다,
찬송하다, 찬양하다, 추켜세우다,
치켜세우다, 칭송하다, 칭찬하다, 호평하다

누그러
뜨리다

마음을 부드럽게 하거나
약하게 하다

가라앉히다, 녹이다, 다독이다, 달래다,
안심시키다, 어르다, 이완시키다,
진정시키다

능욕하다

업신여겨 욕보이다

깎아내리다, 꼽 주다, 망신시키다, 모독하다,
모욕하다, 물어뜯다, 비방하다, 비하하다,
악담하다, 욕보이다, 우롱하다, 유린하다,
조롱하다, 폄훼하다, 헐뜯다

다그치다

어떤 일을 하도록 재촉하거나
몰아붙이다

갈구다, 강요하다, 닦달하다, 독촉하다,
들볶다, 몰아붙이다, 몰아치다,
밀어붙이다, 압박하다, 재촉하다, 족치다,
쥐어짜다, 채근하다, 채찍질하다, 촉구하다

다독이다

부드럽게 감싸고 달래다

감싸다, 녹이다, 누그러뜨리다, 달래다,
안심시키다, 안정시키다, 어르다,
위로하다, 위안하다, 이완시키다,
진정시키다

닦달하다

어떤 일을 하도록 강하게
몰아붙이거나 혼을 내다

갈구다, 강요하다, 구박하다, 꾸짖다,
나무라다, 다그치다, 독촉하다, 들볶다,
몰아붙이다, 몰아치다, 밀어붙이다,
압박하다, 야단치다, 윽박지르다,
재촉하다, 족치다, 쥐어짜다, 채근하다,
채찍질하다, 촉구하다, 호통치다,
혼꾸멍내다, 혼내다, 혼쭐내다

단련하다

여러 번 반복하여 굳세게
하거나 익숙하게 하다

교련하다, 길들이다, 다지다, 숙달시키다,
조련하다, 훈련하다

단속하다

규칙이나 명령 등을 어기지
않게 통제하다

감독하다, 감시하다, 관리하다, 규제하다,
금지하다, 억제하다, 제약하다, 제한하다,
컨트롤하다, 통제하다

단절하다

관계나 유대를 끊다

끊다, 내치다, 떼어 내다, 배제하다, 버리다,
절교하다, 절연하다, 정리하다, 차다,
차단하다, 쳐내다

단죄하다

죄를 심판하여 처단하다

벌하다, 응징하다, 제재하다, 징계하다,
징벌하다, 처단하다, 처벌하다

단합시키다*

뜻을 모아 하나로 뭉치게
하다

결속시키다, 결집시키다, 단결시키다,
묶다, 연결하다, 응집시키다, 잇다,
중재하다, 통합하다, 화합시키다

달래다

어르고 타일러서
진정시키거나 따르게 하다

가라앉히다, 구슬리다, 구워삶다, 꼬드기다,
녹이다, 누그러뜨리다, 다독이다, 설득하다,
안심시키다, 어르다, 위로하다, 위안하다,
종용하다, 진정시키다, 타이르다, 회유하다

당부하다
간곡히 부탁하다

간구하다, 간청하다, 부탁하다, 빌다,
사정하다, 신신당부하다, 애걸복걸하다,
애걸하다, 애원하다, 요청하다, 조르다,
청하다, 탄원하다

대들다
무례하게 맞서거나 반항하다

개기다, 거스르다, 거역하다, 기어오르다,
덤비다, 도전하다, 되받아치다, 들이대다,
맞받아치다, 맞서다, 반발하다, 반항하다,
불복하다

대항하다
맞서서 버티거나 항거하다

거스르다, 거역하다, 대적하다, 도전하다,
맞서다, 반대하다, 반발하다, 반항하다,
불복하다, 저항하다, 항거하다

도발하다
의도적으로 자극하여
반응을 유도하다

건드리다, 긁다, 동요시키다, 뒤흔들다,
들쑤시다, 시비 걸다, 약 올리다, 자극하다,
충동질하다, 흔들다

도전하다
정면으로 맞서
싸움을 걸다

대들다, 대적하다, 대항하다, 덤비다,
도발하다, 들이받다, 맞서다

독려하다
감독하며 격려하다

격려하다, 고무하다, 고양하다, 고취하다, 권면하다, 북돋다, 성원하다, 응원하다, 지지하다

독촉하다
빨리하도록 재촉하다

다그치다, 닦달하다, 들볶다, 몰아붙이다, 밀어붙이다, 보채다, 압박하다, 재촉하다, 조르다, 채근하다, 채찍질하다, 촉구하다

돌보다
관심을 가지고 보살피다

간호하다, 돕다, 뒷바라지하다, 보살피다, 보우하다, 보호하다, 수발하다, 시중들다, 지키다, 케어하다

돕다
일이 잘되거나 어려움을 벗어나도록 힘을 보태다

거들다, 구제하다, 구호하다, 돌보다, 밀어주다, 보살피다, 보좌하다, 보필하다, 서포트하다, 원조하다, 조력하다, 지원하다, 후견하다, 후원하다

동요시키다
마음을 흔들거나 불안하게 하다

건드리다, 교란하다, 긁다, 놀래다, 당황시키다, 도발하다, 뒤흔들다, 들쑤시다, 애태우다, 어지럽히다, 자극하다, 헤집다, 혼란시키다, 흔들다

두둔하다

편들어 감싸거나 옹호하다

감싸고돌다, 감싸다, 변호하다, 비호하다,
싸고돌다, 역성들다, 옹호하다, 지지하다,
편들다

들볶다

잔소리나 까다로운 요구로
자꾸 못살게 굴다

갈구다, 괴롭히다, 구박하다, 다그치다,
닦달하다, 독촉하다, 몰아붙이다,
밀어붙이다, 보채다, 재촉하다, 쥐어짜다,
채근하다, 채찍질하다, 촉구하다

들쑤시다

자꾸 자극하여 불편 하거나
성가시게 하다

건드리다, 골리다, 교란하다, 긁다,
도발하다, 동요시키다, 뒤흔들다, 시비 걸다,
약 올리다, 자극하다, 충동질하다, 흔들다

들추다

감춰진 일이나 잘못을
드러내어 밝히다

고발하다, 까발리다, 발가벗기다, 지적하다,
파헤치다, 폭로하다

따돌리다

따로 떼어 멀리하다

고립시키다, 떼어 내다, 배제하다, 배척하다,
빼다, 소외시키다, 왕따시키다, 제외하다

따지다

잘잘못이나 이유를 꼼꼼히
묻거나 지적하다

꼬투리 잡다, 문제 삼다, 문책하다, 문초하다,
비판하다, 신문하다, 심문하다, 지적하다,
책잡다, 추궁하다, 취조하다, 캐묻다,
태클 걸다, 트집 잡다, 항의하다, 흠잡다

떠보다

의도나 생각을 알아내고자
간접적으로 시험하다

간보다, 시험하다, 찔러보다, 테스트하다

떼어 내다

강제로 떨어뜨리거나
관계를 끊다

끊다, 내치다, 단절하다, 따돌리다,
배제하다, 버리다, 분리시키다, 빼다,
정리하다, 제외하다, 차다, 쳐내다, 털어내다

띄우다

실제보다 치켜세우거나
기분을 들뜨게 하다

격찬하다, 고무하다, 고양하다, 극찬하다,
높이다, 드높이다, 북돋다, 사탕발림하다,
아부하다, 아첨하다, 알랑대다, 예찬하다,
찬미하다, 찬송하다, 찬양하다, 추켜세우다,
치켜세우다, 칭찬하다, 호평하다

막다

못 하게 하다

가로막다, 견제하다, 규제하다, 금지하다,
만류하다, 말리다, 멈추다, 방해하다,
억누르다, 억제하다, 저지하다, 제약하다,
제재하다, 제지하다, 제한하다,
중단시키다, 중지시키다, 훼방하다

말리다

못 하게 설득하거나 막다

가로막다, 단념시키다, 뜯어말리다, 막다,
만류하다, 저지하다, 제지하다, 체념시키다,
포기시키다

망가뜨리다

제 기능을 못 하도록
망치거나 손상시키다

망치다, 몰락시키다, 무너뜨리다,
무력화하다, 박살 내다, 작살내다,
전락시키다, 추락시키다, 타락시키다,
파괴하다

맞서다
굴하지 않고 정면으로
대립하다

거스르다, 거역하다, 기어오르다, 대들다,
대적하다, 대항하다, 덤비다, 도전하다,
되받아치다, 맞받아치다, 반대하다,
반발하다, 반항하다, 불복하다, 저항하다,
항거하다

맡기다
책임지고 담당하게 하다

내맡기다, 떠맡기다, 위임하다, 위촉하다,
위탁하다, 일임하다, 임명하다

매도하다
심하게 몰아세워 비난하다

깎아내리다, 낙인찍다, 모함하다, 몰아세우다,
물어뜯다, 비난하다, 비방하다, 악담하다,
폄훼하다, 헐뜯다, 험담하다, 힐난하다

매수하다
이익을 주어 부당하게
자기편으로 만들다

꼬드기다, 꼬시다, 꾀다, 끌어들이다, 낚다,
로비하다, 포섭하다

매혹하다
마음을 사로잡아 홀리다

꼬시다, 꾀다, 끌어당기다, 낚다, 녹이다,
매료하다, 미혹하다, 사로잡다, 유인하다,
유혹하다, 현혹하다, 홀리다

멈추다
행동을 그치게 하다

가로막다, 막다, 저지하다, 제지하다,
중단시키다, 중지시키다

명령하다

행동을 하도록 지시하다

명하다, 분부하다, 지령하다, 지시하다,
지휘하다, 하명하다, 호령하다

모욕하다

깔보고 욕되게 하다

깎아내리다, 꼽 주다, 능욕하다,
망신시키다, 모독하다, 물어뜯다,
비방하다, 비하하다, 악담하다, 욕보이다,
우롱하다, 유린하다, 조롱하다, 폄훼하다,
헐뜯다

모함하다

거짓을 꾸며내어
어려움에 빠뜨리다

농간하다, 덮어씌우다, 뒤집어씌우다,
매도하다, 모략하다, 몰아세우다, 음해하다,
중상모략하다,

몰아내다

몰아서 밖으로 나가게 하다

끌어내리다, 내몰다, 내보내다, 내쫓다,
물리치다, 밀어내다, 방출하다, 배척하다,
쫓아내다, 쳐내다, 추방하다, 축출하다,
퇴출하다, 퇴치하다

몰아붙이다

행동을 하도록 강하게
압박하거나 재촉하다

강요하다, 강제하다, 다그치다, 닦달하다,
독촉하다, 들볶다, 몰다, 밀어붙이다,
보채다, 압박하다, 옥죄다, 재촉하다,
족치다, 쥐어짜다, 채근하다, 채찍질하다,
촉구하다

몰아세우다

나쁜 처지로 몰거나 시비를
가리지 않고 마구 나무라다

낙인찍다, 매도하다, 모함하다, 몰다,
몰아치다, 물어뜯다, 비난하다, 비방하다,
악담하다, 중상모략하다, 헐뜯다, 험담하다,
힐난하다

무너뜨리다

파괴하거나 무력화하다

거꾸러뜨리다, 망가뜨리다, 몰락시키다,
무력화하다, 박살 내다, 쓰러뜨리다,
와해하다, 작살내다, 좌절시키다, 쳐부수다,
추락시키다, 타도하다, 파괴하다

묶다*

한군데로 모으거나 합치다

결속시키다, 결집시키다, 단결시키다,
단합시키다, 연결하다, 응집시키다, 잇다,
통합하다, 화합시키다

문책하다

잘못을 캐묻고 꾸짖다

견책하다, 꾸짖다, 나무라다, 따지다,
문초하다, 신문하다, 심문하다, 지탄하다,
질책하다, 질타하다, 책망하다, 추궁하다,
취조하다, 캐묻다, 힐책하다

물리치다

쳐서 물러가게 하다

내쫓다, 몰아내다, 무찌르다, 밀어내다,
배척하다, 쫓아내다, 쳐부수다, 축출하다,
퇴출하다, 퇴치하다

물어뜯다
못 견디도록 헐뜯다

깎아내리다, 능욕하다, 매도하다, 모욕하다, 몰아세우다, 비난하다, 비방하다, 씹다, 악담하다, 찢어발기다, 폄훼하다, 헐뜯다, 험담하다, 힐난하다

미혹하다
홀리어 정신을 못 차리게 하다

구워삶다, 꼬드기다, 꼬시다, 꾀다, 낚다, 녹이다, 매료하다, 매혹하다, 사로잡다, 선동하다, 세뇌하다, 속이다, 유인하다, 유혹하다, 현혹하다, 홀리다

밀어내다
거부하거나 물러나게 하다

거부하다, 거절하다, 끌어내리다, 내몰다, 내보내다, 내쫓다, 내치다, 멀리하다, 몰아내다, 물리치다, 방출하다, 배척하다, 뿌리치다, 쫓아내다, 쳐내다, 추방하다, 축출하다, 퇴출하다, 튕기다, 피하다, 회피하다

밀어붙이다
여유를 주지 않고 계속 몰아붙이다

강요하다, 강제하다, 다그치다, 닦달하다, 독촉하다, 들볶다, 몰다, 몰아붙이다, 보채다, 압박하다, 옥죄다, 재촉하다, 족치다, 쥐어짜다, 채근하다, 채찍질하다, 촉구하다

밀어주다
적극적으로 지원하다

돕다, 뒷받침하다, 떠받치다, 서포트하다, 조력하다, 지원하다, 지지하다, 지탱하다, 편들다, 후견하다, 후원하다

바로잡다
잘못된 점을 올바르게 고치다

개선하다, 갱생시키다, 고치다, 교화하다, 되돌리다, 뜯어고치다, 보완하다, 정화하다

박대하다
인정 없이 모질게 대하다

괄대하다, 괄시하다, 냉대하다, 천대하다, 푸대접하다, 하대하다, 홀대하다

박살 내다
완전히 부수거나 망가뜨리다

망가뜨리다, 무너뜨리다, 쓰러뜨리다, 와해하다, 작살내다, 찢어발기다, 쳐부수다, 타도하다, 파괴하다

박해하다
억압하거나 못살게 굴다

괴롭히다, 구박하다, 압제하다, 억압하다, 유린하다, 짓밟다, 탄압하다, 핍박하다, 학대하다

반대하다
따르지 않고 맞서 거스르다

거스르다, 거역하다, 대항하다, 맞서다, 반박하다, 반발하다, 반항하다, 불복하다, 저항하다, 항의하다

반박하다

반대하여 주장을 펴다

논박하다, 되받아치다, 맞받아치다, 반대하다,
반론하다, 반증하다, 항변하다, 항의하다

반항하다

순순히 따르지 않고
대들거나 반대하다

개기다, 거스르다, 거역하다, 기어오르다,
대들다, 대항하다, 되받아치다, 맞받아치다,
맞서다, 반대하다, 반발하다, 불복하다,
저항하다, 항거하다

발전시키다

더 좋은 상태로
나아가게 하다

개선하다, 갱생시키다, 교화하다,
도약시키다, 보강하다, 보완하다,
성숙시키다, 성장시키다, 향상시키다

방해하다

제대로 하지 못하도록
간섭하거나 막다

가로막다, 간섭하다, 간여하다, 개입하다,
견제하다, 관섭하다, 끼어들다, 막다,
상관하다, 저지하다, 제지하다, 참견하다,
훼방하다

배신하다

믿음이나 의리를 저버리다

뒤통수치다, 등지다, 모반하다, 반역하다,
배반하다, 저버리다, 절교하다, 절연하다

배제하다

받아들이지 않고
물리쳐 제외하다

고립시키다, 끊다, 내치다, 단절하다,
따돌리다, 떼어 내다, 빼다, 소외시키다,
제명하다, 제외하다, 차단하다, 쳐내다

배척하다

반대하거나 거부하여
밀어 내치다

내몰다, 내보내다, 내쫓다, 내치다,
따돌리다, 몰아내다, 물리치다, 밀어내다,
소외시키다, 쫓아내다, 쳐내다, 추방하다,
축출하다, 퇴출하다, 퇴치하다

버리다

관계를 등지거나 끊다

끊다, 내버리다, 내치다, 단절하다, 등지다,
떼어 내다, 저버리다, 절교하다, 절연하다,
정리하다, 차다, 쳐내다, 털어내다

벌하다

잘못을 한 대가로
고통이나 제재를 가하다

단죄하다, 응징하다, 제재하다, 징계하다,
징벌하다, 처단하다, 처벌하다

변명하다

잘못이나 책임을
피하려고 이유를 대다

발뺌하다, 정당화하다, 핑계 대다,
합리화하다, 해명하다

변호하다

상대의 이익을 위해
해명하고 감싸다

감싸다, 두둔하다, 보호하다, 비호하다,
싸고돌다, 역성들다, 옹호하다, 지지하다,
지키다, 편들다

보답하다

호의나 은혜를 갚다

답례하다, 되갚다, 보상하다, 보은하다,
사례하다

보복하다

받은 해만큼 되돌려 주다

대갚음하다, 되갚다, 복수하다, 설욕하다, 앙갚음하다

보살피다

정성을 기울여 보호하고 돕다

간호하다, 돌보다, 돕다, 뒷바라지하다, 보우하다, 보호하다, 수발하다, 시중들다, 지키다, 케어하다

보완하다

부족하거나 모자란 부분을 채워 온전하게 하다

개선하다, 고치다, 바로잡다, 발전시키다, 보강하다, 성장시키다, 향상시키다

보장하다

어떤 일이 이루어질 것을 책임지고 약속하다

맹세하다, 맹약하다, 보증하다, 서약하다, 약속하다, 약조하다, 언약하다, 확신시키다, 확약하다

보채다

성가시게 조르다

독촉하다, 들볶다, 떼쓰다, 몰아붙이다, 밀어붙이다, 요구하다, 재촉하다, 조르다, 쥐어짜다, 채근하다, 촉구하다

보호하다

위험이나 곤란이 미치지 않도록 지키거나 돌보다

감싸고돌다, 감싸다, 돌보다, 변호하다, 보살피다, 보우하다, 비호하다, 수호하다, 싸고돌다, 엄호하다, 옹호하다, 지키다

복수하다
받았던 상처나 고통을 되갚다

대갚음하다, 되갚다, 보복하다, 설욕하다, 앙갚음하다

복종시키다
자신의 명령이나
뜻에 따르게 하다

구속하다, 굴복시키다, 길들이다, 세뇌하다, 속박하다, 얽매다, 옭아매다, 장악하다, 정복하다, 제압하다, 제어하다, 통제하다, 휘어잡다

부추기다
어떤 일을 하도록
자극하거나 유도하다

구슬리다, 구워삶다, 꼬드기다, 꼬시다, 꾀다, 부채질하다, 선동하다, 유도하다, 자극하다, 종용하다, 충동질하다, 회유하다

부탁하다
어떤 일을 해 달라고 청하다

간구하다, 간청하다, 당부하다, 빌다, 사정하다, 신신당부하다, 애걸복걸하다, 애걸하다, 애원하다, 요청하다, 의뢰하다, 조르다, 청원하다, 청탁하다, 청하다, 탄원하다

북돋다
기운이나 의욕을 높여주다

격려하다, 고무하다, 고양하다, 고취하다, 독려하다, 띄우다, 성원하다, 응원하다

분리시키다*

서로 나누어 떨어지게 하다

갈라놓다, 격리하다, 고립시키다, 나누다,
떨어뜨리다, 떼어 내다, 분열시키다, 쪼개다,
차단하다, 해산하다, 해체하다, 흩어뜨리다

분석하다

면밀하게 살펴 조사하다

검사하다, 검증하다, 심사하다, 조사하다,
진단하다, 탐색하다, 파고들다, 파헤치다,
평가하다

분열시키다*

갈라져 나누어지게 하다

갈라놓다, 나누다, 대립시키다, 떨어뜨리다,
분리시키다, 와해하다, 이간질하다,
쪼개다, 충돌시키다, 해산하다, 해체하다,
흩어뜨리다

불복하다

명령이나 결정에
복종하지 아니하다

거부하다, 거스르다, 거역하다, 거절하다,
대들다, 대항하다, 맞서다, 반대하다,
반발하다, 반항하다, 불응하다, 저항하다,
항거하다, 항의하다

비꼬다

거슬릴 정도로 빈정대다

골리다, 놀리다, 돌려 까다, 비아냥대다,
빈정대다, 야유하다, 약 올리다, 우롱하다,
조롱하다, 풍자하다, 희롱하다, 희화화하다

비난/
비판하다

잘못이나 결점을 지적하며
나쁘게 말하다

견책하다, 규탄하다, 까다, 깎아내리다,
꼬투리 잡다, 꾸짖다, 나무라다, 디스하다,
따지다, 매도하다, 몰아세우다, 문제 삼다,
물어뜯다, 비방하다, 성토하다, 씹다,
악담하다, 악평하다, 지적하다, 지탄하다,
질책하다, 질타하다, 책잡다, 타박하다,
트집 잡다, 폄훼하다, 핀잔하다, 헐뜯다,
험담하다, 혹평하다, 흉보다, 흉잡다,
흠잡다, 힐난하다, 힐책하다

비방하다

악의적으로
비난하거나 헐뜯다

까다, 깎아내리다, 능욕하다, 디스하다,
매도하다, 모욕하다, 몰아세우다, 물어뜯다,
비난하다, 씹다, 악담하다, 폄훼하다,
헐뜯다, 험담하다, 흉보다, 힐난하다

비하하다

업신여겨 낮추다

깎아내리다, 낮잡다, 능욕하다, 모욕하다,
저평가하다, 폄하하다, 폄훼하다, 헐뜯다

빈정대다

은근히 비웃는 태도로
자꾸 놀리다

골리다, 놀리다, 돌려 까다, 비꼬다,
비아냥대다, 야유하다, 약 올리다, 우롱하다,
조롱하다, 풍자하다, 희롱하다, 희화화하다

빌다

간절히 청하다

간구하다, 간청하다, 구걸하다, 당부하다,
부탁하다, 사정하다, 신신당부하다,
애걸복걸하다, 애걸하다, 애원하다,
요청하다, 조르다, 청하다, 탄원하다

빼다

참여시키지 않거나 제외하다

고립시키다, 따돌리다, 떼어 내다, 배제하다,
소외시키다, 제명하다, 제외하다, 쳐내다

빼앗다

억지로 제 것으로 만들다

갈취하다, 강탈하다, 수탈하다, 약탈하다,
탈취하다

뿌리치다

강하게 밀어내거나 거절하다

거부하다, 거절하다, 내치다, 떨쳐내다,
밀어내다, 불응하다, 퇴짜 놓다, 팅기다

사과하다
잘못을 인정하고 용서를 빌다

사죄하다, 석고대죄하다, 참회하다

사로잡다
마음을 완전히 붙잡거나
한곳으로 쏠리게 하다

끌어당기다, 매료하다, 매혹하다,
몰입시키다, 미혹하다, 유혹하다,
장악하다, 주목시키다, 집중시키다,
현혹하다, 홀리다, 휘어잡다

사양하다
공손히 응하지 않거나
받지 않다

거부하다, 거절하다, 고사하다, 밀어내다,
불응하다, 사절하다, 퇴짜 놓다, 팅기다

사정하다
까닭을 말하고 간청하다

간구하다, 간청하다, 구걸하다, 당부하다,
부탁하다, 빌다, 신신당부하다,
애걸복걸하다, 애걸하다, 애원하다,
요청하다, 조르다, 청하다, 탄원하다

살리다

잃어가던 생명이나 기운 등을
다시 지니게 하다

구명하다, 구원하다, 구제하다, 구조하다,
구하다, 구호하다, 되살리다, 소생시키다,
치료하다, 치유하다, 해방하다, 회복시키다

상기시키다

다시 생각나게 하다

기억시키다, 연상시키다, 일깨우다,
환기시키다

서약하다

맹세하며 약속하다

맹세하다, 맹약하다, 보장하다, 약속하다,
약조하다, 언약하다, 확약하다

선도하다

앞장서서 이끌거나 안내하다

가이드하다, 계도하다, 리드하다, 안내하다,
이끌다, 인도하다, 인솔하다, 지도하다

선동하다

어떤 사상을 갖거나
행동을 하도록 부추기다

구슬리다, 구워삶다, 꼬드기다, 뒤흔들다,
미혹하다, 부채질하다, 부추기다, 유도하다,
자극하다, 충동질하다, 현혹하다, 홀리다

설득하다

어떤 행동을 하도록
설명하거나 타이르다

구슬리다, 구워삶다, 꼬드기다, 납득시키다,
달래다, 설복하다, 어르다, 이해시키다,
종용하다, 타이르다, 회유하다

성장시키다

이전보다 더 나아지도록
이끌다

개선하다, 갱생시키다, 교화하다,
도약시키다, 발전시키다, 보강하다,
보완하다, 성숙시키다, 향상시키다

세뇌하다

특정 사상이나 신념을
따르도록 뇌리에 주입하다

가스라이팅하다, 각인시키다, 길들이다,
미혹하다, 복종시키다, 장악하다, 조련하다,
주입시키다, 현혹하다, 홀리다

소외시키다

의도적으로 제외하거나
따돌리다

격리하다, 고립시키다, 따돌리다, 배제하다,
배척하다, 빼다, 왕따시키다, 제외하다,
차단하다

소탕하다

휩쓸어 죄다 없애 버리다

끝장내다, 몰살시키다, 섬멸하다,
숙청하다, 쓸어버리다, 압살하다, 없애다,
일망타진하다, 전멸시키다, 정리하다,
제거하다, 죽이다, 진멸하다, 처단하다,
처치하다, 퇴치하다, 파멸시키다, 해치우다

속박하다

강압적으로 얽어매어
자유롭지 못하게 하다

구속하다, 규제하다, 금지하다, 복종시키다,
억누르다, 억압하다, 억제하다, 얽매다,
옭아매다, 제약하다, 제한하다, 통제하다

속이다

거짓이나 꾀에 넘어가게 하다

기만하다, 낚다, 농간하다, 농락하다, 모락하다, 미혹하다, 사기치다, 중상모략하다, 현혹하다

숙청하다

반대하는 이를 제거하다

소탕하다, 쓸어버리다, 없애다, 정리하다, 제거하다, 죽이다, 처단하다, 처치하다, 퇴치하다, 해치우다

시험하다

속마음이나 실력을 알고자 반응을 유도하다

간보다, 검사하다, 검증하다, 떠보다, 심사하다, 찔러보다, 체크하다, 테스트하다

실망시키다

마음을 크게 상하게 하다

낙담시키다, 낙심시키다, 좌절시키다, 체념시키다

심문하다

조사하기 위해 자세히 따져서 묻다

따지다, 문책하다, 문초하다, 신문하다, 조사하다, 추궁하다, 취조하다, 캐묻다, 파고들다, 파헤치다

심사하다

등급이나 당락을 결정하기 위해 조사하다

검사하다, 검증하다, 분석하다, 시험하다, 조사하다, 체크하다, 테스트하다, 평가하다

싸고돌다

편들어 감싸주거나
역성을 들어주다

감싸고돌다, 감싸다, 두둔하다, 변호하다,
보호하다, 비호하다, 역성들다, 옹호하다,
편들다

쓰러뜨리다

무너뜨리거나 무력화하다

거꾸러뜨리다, 무너뜨리다, 무력화하다,
박살 내다, 와해하다, 작살내다, 쳐부수다,
타도하다, 파괴하다

쓸어버리다

모조리 없애다

끝장내다, 몰살시키다, 섬멸하다, 소탕하다,
숙청하다, 압살하다, 없애다, 전멸시키다,
정리하다, 제거하다, 죽이다, 진멸하다,
처치하다, 퇴치하다, 파멸시키다, 해치우다

씹다

비난하거나 험담하다

까다, 깎아내리다, 디스하다, 물어뜯다,
비난하다, 비방하다, 악담하다, 폄훼하다,
헐뜯다, 험담하다, 흉보다

아부하다
환심을 사려고 알랑대다

> 굽신대다, 굽실대다, 높이다, 드높이다,
> 띄우다, 사탕발림하다, 아첨하다, 알랑대다,
> 추켜세우다, 치켜세우다

악담하다
비방하거나
저주하는 말을 하다

> 까다, 깎아내리다, 능욕하다, 디스하다,
> 매도하다, 모독하다, 모욕하다, 몰아세우다,
> 물어뜯다, 비난하다, 비방하다, 씹다,
> 폄훼하다, 헐뜯다, 험담하다, 흉보다

안내하다
소개하여 이끌어 주다

> 가르치다, 가이드하다, 계도하다, 교육하다,
> 리드하다, 선도하다, 이끌다, 인도하다,
> 인솔하다, 지도하다

안심시키다
걱정을 덜어내고 마음을
편안하게 하다

> 감싸안다, 누그러뜨리다, 다독이다, 달래다,
> 안정시키다, 어르다, 위로하다, 위안하다,
> 이완시키다, 진정시키다

압박하다

강하게 내리누르거나
부담을 주다

강압하다, 강요하다, 강제하다,
다그치다, 닦달하다, 독촉하다,
몰아붙이다, 밀어붙이다, 억누르다,
억압하다, 억제하다, 옥죄다, 위압하다,
재촉하다, 제압하다, 쥐어짜다, 진압하다,
짓누르다, 채근하다, 촉구하다, 탄압하다

앙갚음하다

해를 받은 만큼 해를 가하다

되갚다, 보복하다, 복수하다, 설욕하다

애걸/
애원하다

애처롭고 간절하게 빌다

간구하다, 간청하다, 구걸하다, 당부하다,
부탁하다, 빌다, 사정하다, 신신당부하다,
애걸복걸하다, 요청하다, 조르다, 청하다,
탄원하다

야단치다

호되게 꾸짖다

견책하다, 꾸중하다, 꾸짖다, 나무라다,
닦달하다, 면박하다, 불호령하다,
질책하다, 질타하다, 책망하다, 타박하다,
호통치다, 혼꾸멍내다, 혼내다,
혼쭐내다, 훈계하다, 힐책하다

야유하다

빈정대며 놀리다

골리다, 놀리다, 돌려 까다, 비꼬다, 비아냥대다, 빈정대다, 약 올리다, 우롱하다, 조롱하다, 풍자하다, 희롱하다, 희화화하다

약속하다

앞으로 어떤 일을 하겠다고 다짐하다

맹세하다, 맹약하다, 보장하다, 서약하다, 약조하다, 언약하다, 확약하다

어르다

어떤 일을 하도록 달래거나 구슬리다

구슬리다, 구워삶다, 꼬드기다, 녹이다, 누그러뜨리다, 다독이다, 달래다, 설득하다, 안심시키다, 종용하다, 진정시키다, 타이르다, 회유하다

어지럽히다

정신을 흐리고 얼떨떨하게 하다

교란하다, 당황시키다, 동요시키다, 뒤흔들다, 헤집다, 혼란시키다, 흔들다

억누르다

자유로이 행동하지 못하도록 압력을 가하다

강압하다, 견제하다, 구속하다, 막다, 속박하다, 압박하다, 억제하다, 얽매다, 옥죄다, 옭아매다, 위압하다, 제압하다, 진압하다, 짓누르다, 탄압하다

억압하다

자유나 권리 등을 강제로
억누르다

강압하다, 괴롭히다, 구속하다, 굴복시키다,
박해하다, 속박하다, 압박하다, 압제하다,
억제하다, 옥죄다, 유린하다, 제압하다,
진압하다, 짓누르다, 짓밟다, 탄압하다,
핍박하다

억제하다

행동이 지나치지 않도록
억누르거나 제약하다

강압하다, 견제하다, 구속하다, 규제하다,
금지하다, 단속하다, 막다, 속박하다,
압박하다, 억누르다, 억압하다, 얽매다,
옥죄다, 옭아매다, 저지하다, 제압하다,
제약하다, 제한하다, 진압하다, 짓누르다,
탄압하다, 통제하다

없애다

제거하거나 사라지게 하다

끝장내다, 몰살시키다, 섬멸하다, 소탕하다,
숙청하다, 쓸어버리다, 압살하다,
전멸시키다, 정리하다, 제거하다, 죽이다,
진멸하다, 처단하다, 처치하다, 퇴치하다,
파멸시키다, 해치우다

연결하다*

서로 이어주거나
관계를 맺게 하다

결속시키다, 결집시키다, 단결시키다,
단합시키다, 맺어주다, 묶다, 엮다, 응집시키다,
잇다, 중재하다, 통합하다, 화합시키다

영입하다

일원으로 맞아들이다

끌어들이다, 스카우트하다, 참여시키다, 캐스팅하다, 포섭하다

예찬하다

훌륭한 점을 적극적으로 칭송하다

격찬하다, 극찬하다, 높이다, 드높이다, 띄우다, 찬미하다, 찬송하다, 찬양하다, 추켜세우다, 치켜세우다, 칭송하다, 칭찬하다, 호평하다

옥죄다

바싹 조여 압박하다

몰아붙이다, 밀어붙이다, 압박하다, 억누르다, 억압하다, 억제하다, 얽매다, 옭아매다, 위압하다, 쥐어짜다, 질식시키다, 짓누르다, 탄압하다

옭아매다

자유롭지 못하게 구속하다

구속하다, 규제하다, 복종시키다, 속박하다, 억누르다, 억제하다, 얽매다, 옥죄다, 제약하다, 제한하다, 통제하다

옹호하다

두둔하고 편들어 지키다

감싸고돌다, 감싸다, 두둔하다, 변호하다, 보호하다, 비호하다, 수호하다, 싸고돌다, 역성들다, 지지하다, 지키다, 편들다

와해하다*

산산이 무너뜨리거나
흩어지게 하다

무너뜨리다, 박살 내다, 분열시키다,
쓰러뜨리다, 작살내다, 쳐부수다, 파괴하다,
해산하다, 해체하다, 흩어뜨리다

요구/
요청하다

어떤 일을 해 달라고
부탁하다

간구하다, 간청하다, 강요하다, 당부하다,
보채다, 부탁하다, 빌다, 사정하다,
신신당부하다, 애걸복걸하다, 애걸하다,
애원하다, 의뢰하다, 조르다, 청구하다,
청원하다, 청탁하다, 청하다, 촉구하다,
탄원하다

용서하다

잘못에 대해 벌하지 아니하고
덮어 주다

감싸다, 면죄하다, 받아들이다, 봐주다,
사면하다, 수용하다, 용납하다, 용인하다,
포용하다, 품다

우롱하다

조롱하거나 웃음거리로
만들다

골리다, 놀리다, 농락하다, 능욕하다,
망신시키다, 모욕하다, 비꼬다, 비아냥대다,
빈정대다, 야유하다, 약 올리다, 조롱하다,
풍자하다, 희롱하다, 희화화하다

위로하다

따뜻한 말로
고통이나 슬픔을 덜어주다

감싸안다, 다독이다, 달래다, 보듬다,
안심시키다, 위안하다, 진정시키다

위압하다

압박하거나 억눌러
주눅 들게 하다

강압하다, 기죽이다, 압박하다, 억누르다,
옥죄다, 위축시키다, 윽박지르다, 제압하다,
진압하다, 짓누르다

위임하다

책임지고 담당하게 하다

내맡기다, 떠맡기다, 맡기다, 위촉하다,
위탁하다, 일임하다, 임명하다

위협하다

으르고 협박하다

겁박하다, 겁주다, 공갈하다, 긴장시키다,
엄포하다, 으르다, 윽박지르다, 을러대다,
협박하다

유도하다

의도하는 대로
이끌거나 부추기다

구슬리다, 구워삶다, 꼬드기다, 몰다,
부채질하다, 부추기다, 선동하다, 이끌다,
인도하다, 자극하다, 충동질하다, 회유하다

유린하다

권리나 인격을 짓밟다

괴롭히다, 능욕하다, 더럽히다, 모독하다,
모욕하다, 박해하다, 억압하다, 욕보이다,
짓뭉개다, 짓밟다, 짓이기다, 탄압하다,
핍박하다, 학대하다

유인하다

주의나 흥미를 일으켜
꾀어내다

꼬시다, 꾀다, 끌어당기다, 낚다, 매료하다,
매혹하다, 미혹하다, 유혹하다, 주목시키다,
집중시키다, 현혹하다, 홀리다

유혹하다

관심을 끌거나
욕망을 자극하다

구슬리다, 구워삶다, 꼬드기다, 꼬시다,
꾀다, 끌어당기다, 녹이다, 매료하다,
매혹하다, 미혹하다, 사로잡다, 유인하다,
현혹하다, 홀리다

으르다

겁을 먹도록 위협하다

겁박하다, 겁주다, 공갈하다, 긴장시키다,
엄포하다, 위협하다, 윽박지르다, 을러대다,
협박하다

윽박지르다

심하게 눌러 기를 꺾다

겁박하다, 겁주다, 공갈하다, 기죽이다,
닦달하다, 불호령하다, 엄포하다, 위압하다,
위축시키다, 위협하다, 으르다, 제압하다,
협박하다, 호통치다

응원하다

북돋우고 격려하다

격려하다, 고무하다, 고양하다, 고취하다,
독려하다, 북돋다, 성원하다, 지지하다

응징하다

잘못이나 죄에 대해 마땅한
벌을 주다

단죄하다, 벌하다, 제재하다, 징계하다,
징벌하다, 처단하다, 처벌하다

이간질하다*

사이를 헐뜯어 서로를
멀어지게 하다

갈라놓다, 나누다, 대립시키다, 떨어뜨리다,
분열시키다, 쪼개다, 충돌시키다

이끌다

방향을 제시하고 나아가게
하다

계도하다, 리드하다, 선도하다, 안내하다,
유도하다, 인도하다, 인솔하다, 지도하다,
지휘하다

이해시키다

깨달아 알게 하다

가르치다, 교육하다, 깨우치다, 납득시키다,
설득하다, 설복하다, 인지시키다, 일깨우다,
주지시키다

일깨우다

가르치거나 일러 주어 깨닫게
하다

가르치다, 각성시키다, 계도하다, 계몽하다,
교육하다, 교화하다, 깨우치다, 납득시키다,
상기시키다, 이해시키다, 인지시키다,
지도하다, 코치하다, 훈화하다

ㅈ

자극하다
민감한 부분을 건드려
반응을 유도하다

건드리다, 골리다, 긁다, 도발하다,
동요시키다, 뒤흔들다, 들쑤시다, 부추기다,
선동하다, 시비 걸다, 약 올리다, 유도하다,
충동질하다, 흔들다

자랑하다
훌륭하거나 칭찬받을 만한
점을 드러내다

과시하다, 뻐기다, 뽐내다, 생색내다,
으스대다

작살내다
산산이 부수거나 망가뜨리다

망가뜨리다, 무너뜨리다, 박살 내다,
쓰러뜨리다, 와해하다, 찢어발기다,
쳐부수다, 타도하다, 파괴하다

장악하다
완전히 휘어잡다

굴복시키다, 복종시키다, 사로잡다,
세뇌하다, 정복하다, 제압하다, 통제하다,
휘어잡다

재촉하다

어떤 일을 빨리하도록 조르다

다그치다, 닦달하다, 독촉하다, 들볶다,
몰아붙이다, 밀어붙이다, 보채다, 압박하다,
조르다, 채근하다, 채찍질하다, 촉구하다

저지하다

막아서 못 하게 하다

가로막다, 견제하다, 단념시키다, 막다,
만류하다, 말리다, 멈추다, 방해하다,
억제하다, 제지하다, 중단시키다,
포기시키다, 훼방하다

저항하다

굴하지 않고
맞서거나 거역하다

거스르다, 거역하다, 대적하다, 대항하다,
맞서다, 반대하다, 반발하다, 반항하다,
불복하다, 항거하다

전가하다

잘못이나 책임을
다른 사람에게 떠넘기다

넘겨 씌우다, 덮어씌우다, 뒤집어씌우다,
떠넘기다, 떠맡기다, 떠밀다

정리하다

관계를 끊거나 불필요한
존재를 제거하다

끊다, 내치다, 단절하다, 떼어 내다,
버리다, 소탕하다, 숙청하다, 쓸어버리다,
없애다, 절교하다, 절연하다, 제거하다,
죽이다, 차다, 차단하다, 처치하다, 쳐내다,
털어내다, 해치우다

정복하다

제압하여 복종시키다

굴복시키다, 복종시키다, 장악하다,
제압하다, 컨트롤하다, 통제하다, 휘어잡다

정화하다

불순하거나 더러운 것을
깨끗하게 하다

감화하다, 갱생시키다, 고치다, 교화하다,
되돌리다, 되살리다, 뜯어고치다, 바로잡다,
치료하다, 치유하다, 힐링하다

제거하다

없애 버리다

소탕하다, 숙청하다, 쓸어버리다, 없애다,
정리하다, 죽이다, 처단하다, 처치하다,
퇴치하다, 해치우다

제안하다

행동을 하도록 권유하다

강권하다, 권고하다, 권면하다, 권유하다,
권장하다, 권하다, 장려하다, 조언하다,
종용하다, 추천하다, 충고하다

제압하다

강압적으로 억누르거나
굴복시키다

강압하다, 굴복시키다, 무력화하다,
복종시키다, 압박하다, 억누르다,
억압하다, 억제하다, 위압하다,
윽박지르다, 장악하다, 정복하다,
진압하다, 짓누르다, 탄압하다, 휘어잡다

제약하다

행동을 제한하거나 구속하다

견제하다, 구속하다, 규제하다, 금지하다, 단속하다, 막다, 속박하다, 억제하다, 얽매다, 엄금하다, 옭아매다, 제재하다, 제한하다, 통제하다

제어하다

원하는 방향으로
행하도록 통제하다

감독하다, 관리하다, 복종시키다, 지휘하다, 컨트롤하다, 통솔하다, 통제하다, 휘어잡다

제외하다

따로 떼어 한데 놓지 않다

고립시키다, 따돌리다, 떼어 내다, 배제하다, 빼다, 소외시키다, 제명하다, 쳐내다

제재하다

잘못된 행동에 대해
제한이나 처벌을 가하다

가로막다, 규제하다, 금지하다, 단죄하다, 막다, 벌하다, 응징하다, 제약하다, 제한하다, 징계하다, 징벌하다, 처단하다, 처벌하다

제지하다

말려서 못하게 하다

가로막다, 견제하다, 단념시키다, 막다, 만류하다, 말리다, 멈추다, 방해하다, 저지하다, 중단시키다, 포기시키다, 훼방하다

제한하다

일정한 한도를
넘지 못하게 막다

견제하다, 구속하다, 규제하다, 금지하다, 단속하다, 막다, 속박하다, 억제하다, 얽매다, 엄금하다, 옭아매다, 제약하다, 제재하다, 통제하다

조력하다

힘을 써 도와주다

거들다, 돕다, 밀어주다, 보좌하다, 보필하다, 서포트하다, 지원하다, 후견하다, 후원하다

조롱하다

비웃거나 깔보면서 놀리다

골리다, 놀리다, 농락하다, 능욕하다, 모욕하다, 비꼬다, 비아냥대다, 빈정대다, 야유하다, 약 올리다, 우롱하다, 풍자하다, 희롱하다, 희화화하다

조르다

끈덕지게 자꾸 부탁하다

간구하다, 간청하다, 당부하다, 독촉하다, 떼쓰다, 보채다, 부탁하다, 빌다, 사정하다, 애걸복걸하다, 애걸하다, 요구하다, 요청하다, 재촉하다, 채근하다, 청하다, 촉구하다, 탄원하다

조사하다

명확히 알기 위해
자세히 살피다

검사하다, 검증하다, 문초하다, 분석하다, 신문하다, 심문하다, 심사하다, 염탐하다, 추궁하다, 취조하다, 캐다, 캐묻다, 탐색하다, 파고들다, 파헤치다

조언하다

의견이나 해결책을 제시하여
도움을 주다

권고하다, 권면하다, 권유하다, 권장하다,
권하다, 장려하다, 제안하다, 종용하다,
추천하다, 충고하다, 타이르다, 훈계하다,
훈시하다, 훈화하다

족치다

못 견딜 정도로 다그치고
괴롭히다

갈구다, 괴롭히다, 구박하다, 다그치다,
닦달하다, 몰아붙이다, 몰아치다,
밀어붙이다, 불호령하다, 쥐어짜다,
채찍질하다, 혼쭐내다

종용하다

설득하고 달래어 권하다

구슬리다, 구워삶다, 권고하다, 권면하다,
권유하다, 권장하다, 권하다, 꼬드기다,
달래다, 부추기다, 설득하다, 설복하다,
어르다, 장려하다, 제안하다, 조언하다,
타이르다, 회유하다

좌절시키다

희망이나 의지를 꺾어
낙심하게 만들다

낙담시키다, 낙심시키다, 무너뜨리다,
무력화하다, 실망시키다, 절망시키다,
체념시키다

주의시키다

조심하도록 일러두거나
경고하다

경계시키다, 경고하다, 조심시키다,
주지시키다, 충고하다, 훈계하다, 훈시하다

죽이다

생명을 없애거나 끊어지게
하다

끝장내다, 몰살시키다, 섬멸하다, 소탕하다,
숙청하다, 쓸어버리다, 압살하다, 없애다,
전멸시키다, 정리하다, 제거하다, 진멸하다,
처단하다, 처치하다, 퇴치하다, 파멸시키다,
해치우다

중재하다*

분쟁에 끼어들어 쌍방을
화해시키다

결속시키다, 단결시키다, 단합시키다,
연결하다, 잇다, 통합하다, 화합시키다,
화해시키다

쥐어짜다

무리한 일을 하도록 끈질기게
요구하거나 압박하다

갈구다, 강요하다, 강제하다, 고문하다,
다그치다, 닦달하다, 들볶다, 몰아붙이다,
밀어붙이다, 보채다, 압박하다, 옥죄다,
족치다, 채찍질하다

지도하다

가르쳐 이끌다

가르치다, 계도하다, 계몽하다, 교육하다,
교화하다, 깨우치다, 선도하다, 안내하다,
이끌다, 인도하다, 일깨우다, 코치하다,
훈련하다

지시하다

일러서 시키다

명령하다, 명하다, 분부하다, 지령하다,
지휘하다, 하명하다, 호령하다

지원하다 지지하여 돕다	돕다, 뒷받침하다, 밀어주다, 서포트하다, 원조하다, 조력하다, 지지하다, 후견하다, 후원하다
지적하다 잘못이나 허물을 꼭 집어서 가리키다	꼬투리 잡다, 들추다, 따지다, 딴지 걸다, 문제 삼다, 비판하다, 책잡다, 태클 걸다, 트집 잡다, 흉잡다, 흠잡다
지지하다 찬동하여 힘을 실어주다	격려하다, 독려하다, 두둔하다, 뒷받침하다, 떠받치다, 밀어주다, 변호하다, 비호하다, 서포트하다, 성원하다, 역성들다, 옹호하다, 응원하다, 지원하다, 지탱하다, 편들다, 후원하다
지키다 위험이나 어려움으로부터 보호하다	돌보다, 변호하다, 보살피다, 보우하다, 보호하다, 비호하다, 수호하다, 엄호하다, 옹호하다
지탄하다 잘못을 지적하며 강하게 비난하다	견책하다, 규탄하다, 꾸짖다, 나무라다, 문책하다, 비난하다, 비판하다, 성토하다, 질책하다, 질타하다, 책망하다, 힐책하다

진멸하다
모조리 죽여 없애다

끝장내다, 몰살시키다, 섬멸하다, 소탕하다,
쓸어버리다, 압살하다, 없애다, 전멸시키다,
죽이다, 퇴치하다, 파멸시키다

진압하다
강제로 억눌러 가라앉히다

강압하다, 압박하다, 억누르다, 억압하다,
억제하다, 위압하다, 제압하다, 짓누르다,
탄압하다

진정시키다
격양된 마음을 가라앉히다

가라앉히다, 누그러뜨리다, 다독이다,
달래다, 안심시키다, 안정시키다, 어르다,
위로하다, 위안하다, 이완시키다

질책하다
꾸짖어 나무라다

견책하다, 규탄하다, 꾸중하다, 꾸짖다,
나무라다, 면박하다, 문책하다, 불호령하다,
비난하다, 비판하다, 야단치다, 지탄하다,
질타하다, 책망하다, 타박하다, 호통치다,
혼꾸멍내다, 혼내다, 혼쭐내다, 힐책하다

집중시키다
한곳으로 주의를 모으다

끌어당기다, 몰입시키다, 사로잡다,
유인하다, 주목시키다

짓누르다
심하게 눌러 압박하다

강압하다, 압박하다, 억누르다, 억압하다, 억제하다, 옥죄다, 위압하다, 제압하다, 진압하다, 짓뭉개다, 짓밟다, 짓이기다, 탄압하다

짓밟다
심하게 짓이기며 박해하다

강압하다, 괴롭히다, 박해하다, 압제하다, 억압하다, 유린하다, 짓누르다, 짓뭉개다, 짓이기다, 탄압하다, 핍박하다, 학대하다

징계하다
부당한 행위에 대해
제재를 가하다

단죄하다, 벌하다, 응징하다, 제재하다, 징벌하다, 처단하다, 처벌하다

쫓아내다
강제로 그만두게 하거나
밖으로 내보내다

끌어내리다, 내몰다, 내보내다, 내쫓다, 내치다, 몰아내다, 물리치다, 밀어내다, 방출하다, 배척하다, 쳐내다, 추방하다, 축출하다, 퇴출하다, 퇴치하다

찝쩍대다
지나치게 접근하거나
참견하여 성가시게 하다

간섭하다, 간여하다, 개입하다, 관섭하다, 끼어들다, 상관하다, 집적대다, 참견하다, 추근대다, 치근대다

찢어발기다
갈기갈기 찢어 버리다

난도질하다, 물어뜯다, 박살 내다, 작살내다, 쪼개다, 파괴하다, 해체하다

차다
일방적으로 관계를 끊다

> 끊다, 내치다, 단절하다, 떼어 내다, 버리다,
> 절교하다, 절연하다, 정리하다, 쳐내다,
> 털어내다, 퇴짜 놓다

차단하다
관계를 끊거나 접근을 막다

> 격리하다, 고립시키다, 끊다, 내치다,
> 단절하다, 배제하다, 분리시키다,
> 소외시키다, 절교하다, 절연하다,
> 정리하다, 쳐내다

찬양하다
훌륭함을 기리고 드높이다

> 격찬하다, 극찬하다, 높이다, 드높이다,
> 띄우다, 예찬하다, 찬미하다, 찬송하다,
> 추켜세우다, 치켜세우다, 칭송하다,
> 칭찬하다, 호평하다

참견하다
관계없는 일에
끼어들어 간섭하다

> 간섭하다, 간여하다, 개입하다, 관섭하다,
> 끼어들다, 방해하다, 상관하다, 집적대다,
> 찝쩍대다, 추근대다, 치근대다, 훼방하다

채근하다

서둘러서 하도록 재촉하다

다그치다, 닦달하다, 독촉하다, 들볶다,
몰아붙이다, 밀어붙이다, 보채다, 압박하다,
재촉하다, 조르다, 채찍질하다, 촉구하다

책망하다

잘못이나 실수에 대해
꾸짖거나 나무라다

견책하다, 규탄하다, 꾸중하다, 꾸짖다,
나무라다, 문책하다, 야단치다, 지탄하다,
질책하다, 질타하다, 타박하다, 핀잔하다,
혼내다, 훈계하다, 힐책하다

처단하다

죄가 있다고 판단하여 단호히
처벌하거나 없애다

단죄하다, 벌하다, 소탕하다, 숙청하다,
없애다, 응징하다, 제거하다, 제재하다,
죽이다, 징계하다, 징벌하다, 처벌하다,
처치하다, 해치우다

처벌하다

죄에 대해 벌을 주다

단죄하다, 벌하다, 응징하다, 제재하다,
징계하다, 징벌하다, 처단하다

천대하다

업신여기어 천하게 대하다

괄대하다, 괄시하다, 낮잡다, 냉대하다,
박대하다, 푸대접하다, 하대하다, 홀대하다

청하다

어떤 일을 해 달라고
부탁하다

간구하다, 간청하다, 당부하다, 부탁하다,
빌다, 사정하다, 신신당부하다,
애걸복걸하다, 애걸하다, 애원하다,
요청하다, 의뢰하다, 조르다, 청원하다,
청탁하다, 초대하다, 탄원하다

쳐부수다

공격하여 무찌르다

무너뜨리다, 무찌르다, 물리치다, 박살 내다,
쓰러뜨리다, 와해하다, 작살내다, 타도하다,
파괴하다

초대하다

어떤 일이나 모임에
참여하기를 청하다

끌어들이다, 참여시키다, 청하다, 초빙하다,
초청하다

촉구하다

급하게 재촉하여 요구하다

다그치다, 닦달하다, 독촉하다, 들볶다,
몰아붙이다, 밀어붙이다, 보채다, 압박하다,
요구하다, 재촉하다, 조르다, 채근하다,
채찍질하다

추궁하다

잘못이나 의심스러운 점을
집요하게 따져 밝히다

따지다, 문책하다, 문초하다, 신문하다,
심문하다, 조사하다, 취조하다, 캐다,
캐묻다, 파고들다, 파헤치다

추근대다

성가실 정도로
자꾸 귀찮게 굴다

간섭하다, 간여하다, 개입하다, 관섭하다,
끼어들다, 상관하다, 집적대다, 찝쩍대다,
참견하다, 치근대다

추방하다

일정한 지역이나
조직 밖으로 쫓아내다

내몰다, 내보내다, 내쫓다, 내치다,
몰아내다, 밀어내다, 방출하다, 배척하다,
쫓아내다, 쳐내다, 축출하다, 퇴출하다,
퇴치하다

추천하다

적합하다고 생각한
대상을 권하다

강권하다, 권고하다, 권면하다, 권유하다,
권장하다, 권하다, 장려하다, 제안하다,
조언하다

충고하다

더 나은 선택을 하도록
조언하거나 타이르다

경고하다, 권고하다, 권면하다, 권유하다,
권하다, 제안하다, 조심시키다, 조언하다,
주의시키다, 타이르다, 훈계하다, 훈시하다,
훈화하다

치유하다

상처나 고통을 낫게 하다

고치다, 되돌리다, 되살리다, 살리다,
소생시키다, 정화하다, 치료하다,
회복시키다, 힐링하다

치켜세우다

정도 이상으로 크게 칭찬하다

격찬하다, 극찬하다, 높이다, 드높이다, 띄우다, 사탕발림하다, 아부하다, 아첨하다, 알랑대다, 예찬하다, 찬미하다, 찬송하다, 찬양하다, 추켜세우다, 칭찬하다, 호평하다

칭찬하다

잘하거나 훌륭한 점을 높이 평가하다

격찬하다, 극찬하다, 높이다, 드높이다, 띄우다, 예찬하다, 찬미하다, 찬송하다, 찬양하다, 추켜세우다, 치켜세우다, 칭송하다, 호평하다

캐다

비밀이나 속마음을 파헤치다

염탐하다, 조사하다, 추궁하다, 취조하다,
캐묻다, 탐색하다, 파고들다, 파헤치다

캐묻다

끈질기게 따지며 묻다

따지다, 문책하다, 문초하다, 신문하다,
심문하다, 조사하다, 취조하다, 추궁하다,
캐다, 파고들다, 파헤치다

타도하다

쳐서 거꾸러뜨리거나
무너뜨리다

거꾸러뜨리다, 무너뜨리다, 무력화하다,
박살 내다, 쓰러뜨리다, 작살내다, 쳐부수다,
파괴하다

타락시키다

올바른 길에서 벗어나
그릇된 길로 빠지게 하다

더럽히다, 망가뜨리다, 망치다, 몰락시키다,
물들이다, 변질시키다, 오염시키다,
전락시키다, 추락시키다

타박하다

허물이나 결함을
나무라거나 핀잔하다

견책하다, 구박하다, 꾸중하다, 꾸짖다,
나무라다, 면박하다, 비난하다, 비판하다,
야단치다, 질책하다, 질타하다, 책망하다,
책잡다, 트집 잡다, 핀잔하다, 혼내다,
힐책하다

타이르다

마음을 돌리도록
설득하거나 달래다

구슬리다, 구워삶다, 꼬드기다, 납득시키다,
달래다, 설득하다, 설복하다, 어르다,
조언하다, 종용하다, 충고하다, 회유하다,
훈계하다

탄압하다

권력이나 무력으로 억지로
눌러 꼼짝 못하게 하다

강압하다, 괴롭히다, 굴복시키다,
무력화하다, 박해하다, 압박하다, 압제하다,
억누르다, 억압하다, 억제하다, 옥죄다,
유린하다, 제압하다, 진압하다, 짓누르다,
짓뭉개다, 짓밟다, 짓이기다, 핍박하다,
학대하다

탄원하다

사정을 하소연하며
도와주기를 청하다

간구하다, 간청하다, 당부하다, 부탁하다,
빌다, 사정하다, 신신당부하다,
애걸복걸하다, 애걸하다, 애원하다,
요청하다, 조르다, 청원하다, 청하다

탈진시키다

기운이 다 빠져
없어지게 하다

고갈시키다, 무력화하다, 소진시키다,
약화시키다

탐색하다

속내나 정보를
얻기 위해 살피다

분석하다, 염탐하다, 조사하다, 진단하다,
취조하다, 캐다, 파고들다, 파헤치다

통제하다

행동을 제한하거나 제약하다

감독하다, 감찰하다, 관리하다, 구속하다,
규제하다, 금지하다, 단속하다, 복종시키다,
속박하다, 억제하다, 얽매다, 옭아매다,
장악하다, 정복하다, 제약하다, 제어하다,
제한하다, 지휘하다, 컨트롤하다, 통솔하다,
휘어잡다

통합하다*

하나로 묶거나 결속시키다

결속시키다, 결집시키다, 단결시키다,
단합시키다, 묶다, 연결하다, 응집시키다,
잇다, 중재하다, 화합시키다

퇴출하다

물러나서 나가게 하다

끌어내리다, 내몰다, 내보내다, 내쫓다,
내치다, 몰아내다, 물리치다, 밀어내다,
방출하다, 배척하다, 쫓아내다, 쳐내다,
추방하다, 축출하다, 퇴치하다

퇴치하다

물리쳐서 아주 없애버리다

끝장내다, 내몰다, 내쫓다, 몰살시키다,
몰아내다, 물리치다, 배척하다, 섬멸하다,
소탕하다, 숙청하다, 쓸어버리다, 없애다,
전멸시키다, 제거하다, 죽이다, 진멸하다,
쫓아내다, 처치하다, 쳐내다, 추방하다,
축출하다, 퇴출하다, 파멸시키다, 해치우다

튕기다

요구나 의견 등을 거절하다

거부하다, 거절하다, 고사하다, 밀어내다,
불응하다, 뿌리치다, 사양하다, 사절하다,
퇴짜 놓다

트집 잡다

사소한 흠을 잡아 지나치게
문제 삼거나 비판하다

꼬투리 잡다, 따지다, 딴지 걸다, 문제 삼다,
비판하다, 시비 걸다, 지적하다, 책잡다,
타박하다, 태클 걸다, 핀잔하다, 흉잡다,
흠잡다

파괴하다

부수거나 무너뜨리다

거꾸러뜨리다, 망가뜨리다, 무너뜨리다, 박살 내다, 쓰러뜨리다, 와해하다, 작살내다, 찢어발기다, 쳐부수다, 타도하다, 파멸시키다

파헤치다

감춰진 사실이나 실체를 파고들어 드러내다

고발하다, 까발리다, 들추다, 발가벗기다, 신문하다, 심문하다, 염탐하다, 조사하다, 추궁하다, 취조하다, 캐다, 캐묻다, 탐색하다, 파고들다, 폭로하다

편들다

어떤 편을 두둔하다

감싸고돌다, 감싸다, 두둔하다, 밀어주다, 변호하다, 비호하다, 싸고돌다, 역성들다, 옹호하다, 지지하다

폄하하다

깎아내려 평가하다

깎아내리다, 낮잡다, 비하하다, 악평하다, 저평가하다, 폄훼하다, 헐뜯다, 혹평하다

폄훼하다
깎아내려 헐뜯다

까다, 깎아내리다, 능욕하다, 디스하다, 매도하다, 모독하다, 모욕하다, 물어뜯다, 비난하다, 비방하다, 비하하다, 씹다, 악담하다, 폄하하다, 헐뜯다, 험담하다, 혹평하다, 흉보다, 힐난하다

평가하다
일정한 기준으로 수준이나 가치를 평하다

검사하다, 검증하다, 분석하다, 심사하다, 진단하다, 테스트하다

포섭하다
자기편으로 끌어들이다

꾀다, 끌어들이다, 매수하다, 스카우트하다, 영입하다, 참여시키다

포용하다
너그럽게 받아들이며 감싸다

감싸다, 감싸안다, 받아들이다, 보듬다, 수용하다, 용납하다, 용서하다, 용인하다, 품다

폭로하다
감춰져 있던 사실을 드러내다

고발하다, 까발리다, 들추다, 발가벗기다, 파헤치다

풍자하다
남의 결점을 다른 것에 빗대어 조롱하다

골리다, 놀리다, 돌려 까다, 비꼬다, 비아냥대다, 빈정대다, 야유하다, 약 올리다, 우롱하다, 조롱하다, 희롱하다, 희화화하다

피하다

마주하지 않으려고
거리를 두다

거리 두다, 기피하다, 멀리하다, 밀어내다,
회피하다

편잔하다

언짢게 또는 비꼬아 꾸짖다

꼬투리 잡다, 꾸짖다, 나무라다, 돌려 까다,
비난하다, 책망하다, 책잡다, 타박하다,
트집 잡다, 흉보다, 흉잡다, 흠잡다, 힐책하다

핍박하다

바싹 죄어서
몹시 괴롭게 굴다

괴롭히다, 구박하다, 박해하다, 압제하다,
억압하다, 유린하다, 짓밟다, 탄압하다,
학대하다

하대하다
낮게 대우하다

괄대하다, 괄시하다, 낮잡다, 냉대하다, 박대하다, 천대하다, 푸대접하다, 홀대하다

학대하다
몹시 괴롭히거나 가혹하게 대우하다

고문하다, 괴롭히다, 구박하다, 박해하다, 유린하다, 짓밟다, 탄압하다, 핍박하다

항의하다
부당함을 따지고 반대 의견을 밝히다

논박하다, 따지다, 반대하다, 반론하다, 반박하다, 반발하다, 불복하다, 항변하다

해산하다*
집단이나 조직을 흩어지게 하다

나누다, 분리시키다, 분열시키다, 와해하다, 해체하다, 흩어뜨리다

해치우다

방해가 되는 대상을
없애 버리다

소탕하다, 숙청하다, 쓸어버리다, 없애다,
정리하다, 제거하다, 죽이다, 처단하다,
처치하다, 퇴치하다

헐뜯다

흠을 들추어
나쁘게 말하다

까다, 깎아내리다, 능욕하다, 디스하다,
매도하다, 모욕하다, 몰아세우다, 물어뜯다,
비난하다, 비방하다, 비하하다, 씹다, 악담하다,
악평하다, 폄하하다, 폄훼하다, 험담하다,
혹평하다, 흉보다, 힐난하다

현혹하다

마음을 사로잡아
홀리거나 판단력을
흐리게 하다

구워삶다, 꼬드기다, 꼬시다, 꾀다, 낚다,
녹이다, 매료하다, 매혹하다, 미혹하다,
사로잡다, 선동하다, 세뇌하다, 속이다,
유인하다, 유혹하다, 홀리다

협박하다

뜻대로 따르도록
으르고 위협하다

겁박하다, 겁주다, 공갈하다, 엄포하다,
위협하다, 으르다, 윽박지르다, 을러대다

호평하다

좋게 평하다

격찬하다, 극찬하다, 높이다, 드높이다, 띄우다,
예찬하다, 찬미하다, 찬송하다, 찬양하다,
추켜세우다, 치켜세우다, 칭송하다, 칭찬하다

혹평하다
가혹하게 평하다

깎아내리다, 비난하다, 비판하다, 악평하다,
저평가하다, 폄하다, 폄훼하다, 헐뜯다,
흉보다, 힐난하다

혼내다
잘못에 대해
호되게 꾸짖다

견책하다, 꾸중하다, 꾸짖다, 나무라다,
닦달하다, 면박하다, 불호령하다, 야단치다,
질책하다, 질타하다, 책망하다, 타박하다,
호통치다, 혼꾸멍내다, 혼쭐내다, 훈계하다,
힐책하다

홀대하다
소홀히 대접하다

괄대하다, 괄시하다, 냉대하다, 박대하다,
천대하다, 푸대접하다, 하대하다

홀리다
유혹하여 정신을 못
차리게 하다

구워삶다, 꼬드기다, 꼬시다, 꾀다, 낚다,
녹이다, 매료하다, 매혹하다, 미혹하다,
사로잡다, 선동하다, 세뇌하다, 유인하다,
유혹하다, 현혹하다

회유하다
자기 뜻을 따르도록
구슬리고 달래다

구슬리다, 구워삶다, 꼬드기다, 꼬시다, 꾀다,
달래다, 부추기다, 설득하다, 어르다, 유도하다,
종용하다, 타이르다

후원하다

지지하며 도움을 주다

돕다, 뒷받침하다, 밀어주다, 서포트하다,
원조하다, 조력하다, 지원하다, 지지하다,
후견하다

훈계하다

타일러 주의시키다

경고하다, 꾸짖다, 나무라다, 야단치다,
조심시키다, 조언하다, 주의시키다, 책망하다,
충고하다, 타이르다, 혼내다, 훈시하다,
훈화하다

훈련하다

가르쳐서 익히게 하다

가르치다, 교련하다, 교육하다, 길들이다,
단련하다, 숙달시키다, 조련하다, 지도하다,
코치하다

훼방하다

일의 진행을 막거나
방해하다

가로막다, 간섭하다, 간여하다, 개입하다,
관섭하다, 막다, 방해하다, 저지하다, 제지하다,
참견하다

휘어잡다

완전히 장악하거나
통제하다

굴복시키다, 복종시키다, 사로잡다, 장악하다,
정복하다, 제압하다, 제어하다, 컨트롤하다,
통제하다

흉보다

결점을 들어 나쁘게
말하다

까다, 깎아내리다, 디스하다, 비난하다,
비방하다, 씹다, 악담하다, 악평하다, 폄훼하다,
핀잔하다, 헐뜯다, 험담하다, 혹평하다,
힐난하다

흔들다

마음을 동요시키거나
어지럽히다

건드리다, 교란하다, 긁다, 놀래다, 당황시키다,
도발하다, 동요시키다, 뒤흔들다, 들쑤시다,
어지럽히다, 자극하다, 충동질하다, 헤집다,
혼란시키다

흠잡다

흠이 되는 점을 집어내다

꼬투리 잡다, 따지다, 딴지 걸다, 문제 삼다,
비판하다, 지적하다, 책잡다, 태클 걸다,
트집 잡다, 핀잔하다, 흉잡다

흩어
뜨리다*

제각기 흩어지게 하다

갈라놓다, 나누다, 떨어뜨리다, 분리시키다,
분열시키다, 와해하다, 쪼개다, 해산하다,
해체하다

희롱하다

실없이 놀리며
함부로 대하다

골리다, 놀리다, 농락하다, 돌려 까다, 비꼬다,
비아냥대다, 빈정대다, 야유하다, 우롱하다,
조롱하다, 풍자하다, 희화화하다

힐난하다

잘못된 점을 들추어
거세게 비난하다

까다, 깎아내리다, 디스하다, 매도하다,
몰아세우다, 몰아치다, 물어뜯다, 비난하다,
비방하다, 폄훼하다, 헐뜯다, 험담하다,
혹평하다, 흉보다

힐책하다

책임이나 잘못을 따져
나무라다

견책하다, 규탄하다, 꾸중하다, 꾸짖다,
나무라다, 면박하다, 문책하다, 불호령하다,
비판하다, 야단치다, 지탄하다, 질책하다,
질타하다, 책망하다, 타박하다, 핀잔하다,
호통치다, 혼꾸멍내다, 혼내다, 혼쭐내다

행동 동사 목록

ㄷ

ㄹ

##

ㅂ

ㅅ

ㅇ

ㅈ

ᄎ

ㅌ

ㅋ

배제해야 할 동사 목록

상태 동사

(애정) 귀여워하다, 그리워하다, 끌리다, 반기다, 반하다,
빠지다, 사랑하다, 사모하다, 선호하다, 설레다,
아끼다, 연모하다, 열애하다, 정들다, 좋아하다,
편애하다 등

(희열) 감격하다, 감동하다, 감복하다, 감사하다,
감탄하다, 경탄하다, 놀라워하다, 동감하다,
열광하다, 탄복하다 등

(존경) 경애하다, 경외하다, 공경하다, 동경하다,
맹신하다, 믿다, 받들다, 숭배하다, 숭앙하다,
신뢰하다, 신봉하다, 신용하다, 우러르다,
우상시하다, 존경하다, 존중하다, 추앙하다,
떠받들다, 흠모하다 등

(욕망) 갈구하다, 갈망하다, 목표하다, 바라다, 소망하다,
안달하다, 열망하다, 욕망하다, 욕심내다, 원하다,
염원하다, 지향하다, 집착하다, 추구하다, 탐하다 등

(질투) 부러워하다, 샘내다, 선망하다, 시기하다,
시샘하다, 질시하다, 질투하다 등

(분노) 격노하다, 격분하다, 괘씸해하다, 노발대발하다,
노여워하다, 못마땅해하다, 분개하다, 분노하다,
발끈하다, 성내다, 성질내다, 성질부리다,
역정 내다, 욱하다, 짜증 내다, 화내다 등

(미움) 거북해하다, 꺼리다, 껄끄러워하다, 답답해하다,
미워하다, 부담스러워하다, 불신하다,
불편해하다, 불평하다, 불쾌해하다, 성가셔하다,
싫어하다, 싫증 내다, 어려워하다, 역겨워하다,
원망하다, 의심하다, 저주하다, 적대하다,

중오하다, 지겨워하다, 질리다, 질색하다, 탓하다,
투정하다, 혐오하다 등

(경멸) 경멸하다, 경시하다, 낄보다, 낮춰보다, 냉소하다,
능멸하다, 멸시하다, 모멸하다, 무시하다, 비웃다,
업신여기다, 얕보다, 조소하다, 천시하다 등

(슬픔) 가여워하다, 공감하다, 동정하다, 미안하다,
부끄럽다, 서운해하다, 섭섭해하다, 송구하다,
실망하다, 아쉬워하다, 안타까워하다,
안쓰러워하다, 애도하다, 연민하다, 죄송하다,
통감하다, 후회하다 등

(공포) 걱정하다, 경악하다, 겁내다, 곤란해하다,
기겁하다, 놀라다, 두려워하다, 무서워하다,
불안해하다, 어려워하다, 염려하다, 우려하다,
절절매다, 주눅들다, 쩔쩔매다 등

(혼동) 간과하다, 까먹다, 깜빡하다, 망각하다, 모르다,

오인하다 오판하다, 오해하다, 잊다, 착각하다,

헷갈리다, 혼동하다 등

대상을 향한 영향력이 부족한 동사

감안하다, 감지하다, 경험하다, 고대하다, 고민하다,
고려하다, 고찰하다, 관찰하다, 구경하다, 기다리다,
기대하다, 기억하다, 내버려두다, 느끼다, 단념하다,
대비하다, 도외시하다, 떠올리다, 목격하다, 몰입하다,
묵인하다, 바라보다, 방관하다, 방치하다, 배우다,
발견하다, 본받다, 상기하다, 상상하다, 생각하다,
식별하다, 신경 쓰다, 연구하다, 엿보다, 예상하다,
예측하다, 외면하다, 응시하다, 의식하다, 이해하다,
인정하다, 인지하다, 인식하다, 자각하다, 조심하다,
주목하다, 주시하다, 주의하다, 지켜보다, 짐작하다,
집중하다, 참고하다, 체험하다, 추억하다, 판단하다,
파악하다, 포기하다, 헤아리다, 회상하다, 확인하다 등

수행하기에 모호하거나 광범위한 동사

감당하다, 갖고 놀다, 견디다, 공들이다, 공략하다,

극복하다, 극성부리다, 노력하다, 다루다, 다스리다,

담당하다, 대변하다, 대신하다, 대응하다, 대우하다,

대체하다, 동일시하다, 뛰어넘다, 만족시키다, 말하다,

맡다, 모방하다, 바꾸다, 반응하다, 배려하다, 버티다,

부리다, 변화시키다, 복종하다, 부응하다, 부양하다,

상대하다, 설명하다, 섬기다, 순응하다, 압도하다,

양육하다, 애쓰다, 연기하다, 우선하다, 유지하다,

응하다, 의지하다, 의존하다, 이용하다, 인내하다,

접근하다, 좇다, 조종하다, 좌지우지하다, 주장하다,

지배하다, 질문하다, 차별하다, 차지하다, 착취하다,

책임지다, 처리하다, 추구하다, 충성하다, 표현하다,

해결하다, 헌신하다, 혹사하다, 활용하다, 흉내 내다 등

배우와 연출가를 위한

행동 동사
유의어 사전

ⓒ 김규진 · 김준형 · 박원국, 2025

초판 1쇄 발행 2025년 12월 3일

지은이	김규진 · 김준형 · 박원국
펴낸이	이기봉
편집	좋은땅 편집팀
펴낸곳	도서출판 좋은땅
주소	서울특별시 마포구 양화로12길 26 지월드빌딩 (서교동 395-7)
전화	02)374-8616~7
팩스	02)374-8614
이메일	gworldbook@naver.com
홈페이지	www.g-world.co.kr

ISBN   979-11-388-5062-9 (03680)